기획교양도서 환경·생태·웰빙 03

지속가능 생산과 소비

미래를 저축하다

도남철 지음

知& you

최근에 뉴스 기사 제목으로 '기후변화', '저탄소 사회', 그리고 '녹색성장' 등의 단어를 많이 접하게 된다. 정부에서도 녹색성장과 저탄소 경제를 이야기하며 전 국민이 변화에 대응할 것을 주문하고 있다. 전 세계 정부 지도자들은 범지구적인 기후문제에 대하여 서로 협조할 방법을 찾고 있다. 이 기사들은 맞추어지지 않은 퍼즐조각처럼 우리 앞에 흩어져 있으며, 기사를 접한 독자들은 사원절약, 환경보호처럼 과거의 단편적인 경험들을 떠올리며 요일별 자가용 사용이나 쓰레기 분리수거 활동을 더 열심히 해야겠다고 생각한다. 혹은 지금 일어나고 있는 변화가 환경론자나 정치인들만이 관심을 가질 고차원의 문제라고 생각하며, 애써 외면해 본다.

지금도 기후변화나 지속가능성에 대한 새로운 사건들은 계속해서 보도되고 있으며, 지속가능경영, 지속가능개발 등 지속가능이라는 머리말이 붙은 단어들이 매일 새로 만들어지고 있다. 독자들은 다시 한 번 주위를 환기시키는 수준에서 무엇인가 해보지만 보이지 않는 변화에 적절히 대응하지 못하는 것 같아 두려워진다. 마치 바다 속 어딘가에 상어가 있는 것을 알지만, 어느 방향에서 접근할지 모르고 물 위를 헤엄치는 것과 같이 불안하다. 주위에서 점점 자주 발견되는 기후변화, 저탄소 사회, 그리고 녹색성장에 관한 단어들은 독자들에게 다가오는 변화를 예고하는 전조로 보인다. 이제 단순히 자연보호나 에너지절약 차원을 벗어나 개인, 가족, 지역공동체, 기업, 국가, 그리고 지구촌 구성원으로써 변화의 실체가 무엇이고, 그 변화가 미래의 지형을 어떻게 바꿀 것인지 알아야할 것 같은 생각이 든다.

이 책은 흩어진 채로 제공되는 다양한 일련의 사건들을 정리하여 막연히 두려워했던 변화의 실체가 무엇인지를 설명하고자 한다. 이 변화는 비록 환경문제에서 시작되었지만 우리의 생활 전체를 바꿀 수 있는 새로운 패러다임이다. 세기말 정보통신이 우리 생활을 바꾸어 놓았듯이 이 책에서 다루는 '지속가능성'도 우리 생활을 송두리째 바꾸어 놓을 수 있는 큰 힘을 가지고 있다. 정부의 개발 정책과 세금을 통해서, 공장에서 조립하고 있는 자동차를 통해서, 책상 위의 한 병의 생수를 통해서, 가정과 마을을 통해서, 지속가능성은 독자의 생활을 바꾸도록 영향력을 행사하고 때로는 강요할 것으로 보인다.

새로운 패러다임은 혼란과 기회를 동시에 가져다준다. 개인, 기업, 나아가 국가는 역사의 불연속점에서 어떤 방향으로 변화를 꾀하느냐에 따라 그 세대의 번영을 누릴 것인지, 혹은 고난 속에서 다음 세대를 기다릴 지가 결정된다. 혼란과 기회의 시기에 올바른 방향으로 변화하기 위해서는 변화의 실체를 파악해야 한다. 변화의 큰 흐름을 파악해야 한다. 변화의 방향과 시점을 예측하고, 새로운 계획을 준비하고 실행하여야 한다. 이 책은 독자들이 지속가능성이라는 새로운 패러다임의 흐름을 이해하고, 앞으로의 방향을 예측할 수 있게 하는 최소한의 지식과 체계를 제공하고자 한다.

책의 목적

이 책의 목적은 다음과 같다

'독자들이 지속가능성을 이해하고, 다가올 지속가능 시대에 적응하고 변화할 수 있도록 지속가능성에 대한 지식과 체계를 제공한다.'

목적에 내용에 해당하는 지식 외에 '체계'를 포함시킨 것은 지속가능성이 앞으로 변화할 가능성이 높으며, 다양한 분야와 연관되어 있기 때문이다. 물론 이 책에서 지속가능성을 이해하는데 필요한 현재 정보를 제공하지만, 발생 초기 단계인 지속가능성은 앞으로 많은 변화가 예측된다. 또한 지속가능성은 자연과학, 사회과학, 공학, 그리고 인문학의 많은 부분이 포함된 복합적인 주제이다. 그러므로 전체적인 체계 준비 없이 지속가능성 관련 지식을 받아들일 경우, 자료의 중복과 시각차이 그리고 복잡한 연관관계로 올바른 전체적 관점을 가지기 어렵다. 또한 폭발적으로 증가하고 변화하는 지속가능성 정보를 일관되게 유지하고 이해하는 것도 어렵다. 그러므로 이 책은 독자들이 지속가능성 이해에 필요한 기본적인 체계를 세울 수 있도록 도움을 주는데 초점을 맞추고 있다. 지속가능성 체계를 이해시키기 위하여 책의 전체 구성과 각 장에 마련된 주요 서술 항목 간 관계 그림을 제공하고 있다.

지속가능성 체계와 지속가능성 지식의 관계는 분류가 잘된 책장과 책의 관계로 예를 들 수 있다. 독자는 새로 구입한 지속가능성 관련 책(지속가능성 관련 지식)을 잘 분류된 항목별 표시가 붙은 책장(지속가능성 체계)에 위치별로 정리할 수 있다. 이 책은 독자들에게 지속가능성 관련 지식(책)뿐만 아니라 지속가능성 체계(책장)도 같이 제공한다. 독자는 앞으로 새로운 책(지식)이 생기면 이를 책장의 표시된 장소에 다른 책들과 함께 정리할 것이다. 또한 특정 분류 항목에 책이 빠져 있을 경우 그 지식을 보강하기 위하여 노력할 것이다. 만일 중복되는 책이 발견되면 일관되게 한권의 최신 책만 남길 것이다. 이 책이 제공하는 지속가능성 체계는 앞으로 더욱 많이 제공될 지속가능성 지식을 전체적 관점에서 분류하고 일관되게 관리할 예의 책장 역할을 한다.

지속가능성 이해를 위하여 이 책은 몇 가지 세부적인 목표를 가지고 있다

- 최근 전 세계적 이슈가 되고 있는 기후변화의 원인과 영향 이해
- 기후변화를 포함한 환경과 자원문제를 해결하기 위한 지속가능성에 대한 이해
- 지속가능성 적용분야로써 지속가능생산과 소비에 대한 이해

• 지속가능제품의 생산과 지속가능 혁신에 대한 이해
• 지속가능사회를 위한 소비자의 활동에 대한 이해
• 지속가능성과 지역사회 번영에 대한 이해

독자들이 위에서 나열한 지속가능성의 원인, 개념, 그리고 다양한 적용분야에 대한 지식을 습득하였다면, 이를 바탕으로 지속가능성이 진행될 큰 흐름을 이해하고, 그 흐름이 독자에게 미칠 영향을 예측할 수 있을 것이다. 소박하게는 오늘 저녁 현란한 선전과 포장으로 가득 찬 진열대에서 진정 환경에 도움을 줄 수 있는 식료품을 선택할 수 있을 것이다. 혹은 다가오는 새로운 패러다임으로써의 지속가능성을 이해하여, 종사하고 있는 분야에서 이 새로운 가치를 통한 혁신을 이룩할 수도 있을 것이다.

책의 구성

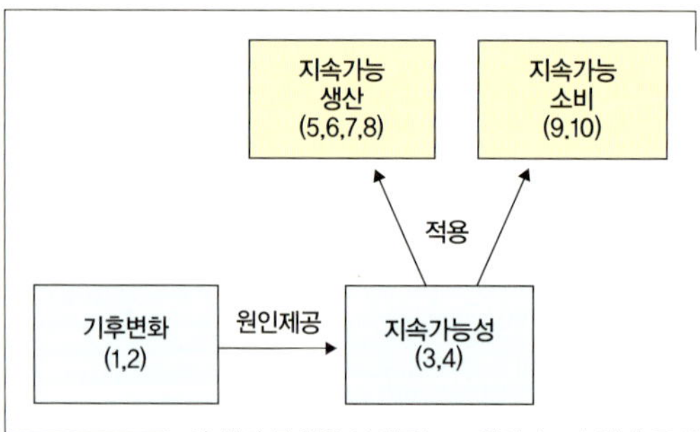

이 책의 구성을 보여주는 그림이다. 이 책의 구성은 지속가능성의 원인, 의미, 그리고 주요 응용분야인 생산과 소비를 소개하는 4개의 편(그림의 사각형으로 표시)으로 구성되어 있다. 이 4개의 편은 각각 2-4개의 장으로 이루어져 있다.(각 편에 포함된 장은 그림 사각형안의 가로 안에 표시)

이 책은 지속가능성에 관련된 4가지 주제를 다루게 된다. 첫 번째는 지속가능성의 원인이 된 기후변화에 대한 이야기이다.(제1편 기후변화) 두 번째는 전

지구적이고 초정부적 문제가 된 기후변화에 대응하기 위한 새로운 패러다임인 지속가능성에 대한 소개이다.(제2편 지속가능성) 세 번째와 네 번째는 다양한 지속가능성이 적용된 분야 중에 우리에게 가장 큰 영향을 주는 지속가능생산과 소비에 대한 이야기이다.(제3편 지속가능생산, 제4편 지속가능소비)

제1편에서는 산업화에 의한 온실가스 배출로 야기된 기후변화를 다룬다. 기후변화는 지구온난화 형태로 나타나며, 이 지구온난화는 여러 가지 이유로 인류의 번영과 생존을 위협한다. 지구온난화로부터 인류 번영과 생존을 지키기 위한 전 지구적 대응의 중심인 기후협약에 대해서도 함께 다루게 된다. 2편에서는 현재의 일방적 자원소비 문명에 대한 반성과 기후변화와 다양한 환경문제에 대응하기 위한 새로운 패러다임인 지속가능성을 설명한다. 지속가능성은 환경보호에 인간존중과 사회정의 가치를 추가하였으며, 자본주의, 사회주의, 그리고 환경주의가 성숙된 결과로 볼 수 있다. 지속가능성은 정착과 농업, 산업혁명, 그리고 정보화를 잇는 인류문명의 다음 패러다임이 될 가능성이 있다. 그러므로 지속가능성은 인간생활 전반에 영향을 미칠 것으로 예측된다. 지속가능성을 좀 더 이해하기 위하여 3편과 4편에서는 지속가능성의 주요 적용분야인 지속가능생산과 지속가능소비를 다루게 된다. 생산과 소비는 자연환경 및 자원소비와 가장 관계가 밀접하여, 일반인이 느끼는 지속가능성 영향을 가장 많이 받는 부분이다. 그러므로 지속가능생산과 소비에 대한 이해는 지속가능성의 전체적 이해를 위한 좋은 길잡이가 될 것이다.

이 책은 독자들이 전체 관점을 잃지 않고 책을 읽어 나갈 수 있도록, 구성요소들 간의 관계 그림을 제공한다. 1편 기후변화는 2편에서 다루는 지속가능성이 시작되게 하는 주된 이유를 제공한다. 반대로 지속가능성은 기후변화에 대응하기 위한 큰 방향으로 볼 수 있다. 2편에서 다루는 지속가능성은 인류문명 전반에 걸쳐 그 영향을 미치리라 예측되므로, 그 방대한 내용을 모두 다루는 것은 불가능하다. 이 책에서는 지속가능성의 주요 분야이면서 우리 생활에 밀접한 관련을 가진 지속가능생산과 지속가능소비를 다루고 있다. 이 책의

3, 4편인 지속가능생산과 소비는 2편 지속가능성의 주요 적용분야 중의 하나이다. 그림과 같이 책에서 다루고 있는 '기후변화', '지속가능성', '지속가능생산', 그리고 '지속가능소비'와 그 관계를 기억해 두면 책의 전체 흐름을 이해하는데 많은 도움이 될 것이다. 아울러 전체 구조를 바탕으로 각 편을 이루는 2-4개의 장과 주요 내용들의 관계를 지도처럼 사용한다면 책에서 제공하는 지속가능성의 큰 흐름을 쉽게 이해할 수 있을 것이다. 또한 책 전체의 관계 그림을 잘 살펴본다면, 이를 지속가능성 지식을 관리하기 위한 체계로 활용할 수도 있다.

이 책의 4개의 편은 각각 2-4개의 장으로 구성되어 총 10개의 장을 이루고 있다. 1편 기후변화는 제1장 '바다 밑으로 사라지는 섬나라'와 제2장 '노벨평화상을 받게 한 보고서'로 이루어져 있다. 1장은 기후변화의 원인과 현상 그리고 그 이유를 설명한다. 2장은 현재 기후변화에 대하여 전 세계적 대응을 주도하고 있는 유엔 기후변화협약과 그들의 활동을 살펴본다. 2편 지속가능성은 3장 '인간, 환경, 경제를 위한 새로운 패러다임'과 4장 '지속가능성 참여 역할들'로 구성되어 있다. 3장은 기후변화를 비롯한 다양한 현안 문제를 해결하기 위한 새로운 패러다임인 지속가능성을 소개한다. 4장은 지속가능성과 관련된 다양한 행위주체와 그들의 역할과 활동을 소개한다. 3편 지속가능생산은 5장 '기업의 새로운 책임', 6장 '축구공과 요구르트', 7장 '닫힌 순환구조', 그리고 8장 '지속가능 혁신'으로 구성되어 있다. 5장은 지속가능성의 제품개발 및 생산 분야 적용 개념인 지속가능생산에 대하여 소개한다. 6장은 지속가능생산의 결과로 만들어진 지속가능제품들을 소개한다. 7장은 지속가능생산에서 중시되고 있는 제품수명주기에 대하여 살펴본다. 8장은 지속가능생산을 기업 혹은 국가의 성장동력에 연결시키려는 지속가능 혁신Sustainable Innovation에 대한 설명을 제공한다. 4편 지속가능소비는 9장 '플라스틱 용기 재활용 표시'와 10장 '탄소배출이 없는 섬'으로 구성되어 있다. 9장은 소비자 입장에서 지속가능소비를 위하여 알아야할 다양한 사항에 대하여 설명한다. 10장은 지속가능소비와 지역사회에 대하여 살펴본다.

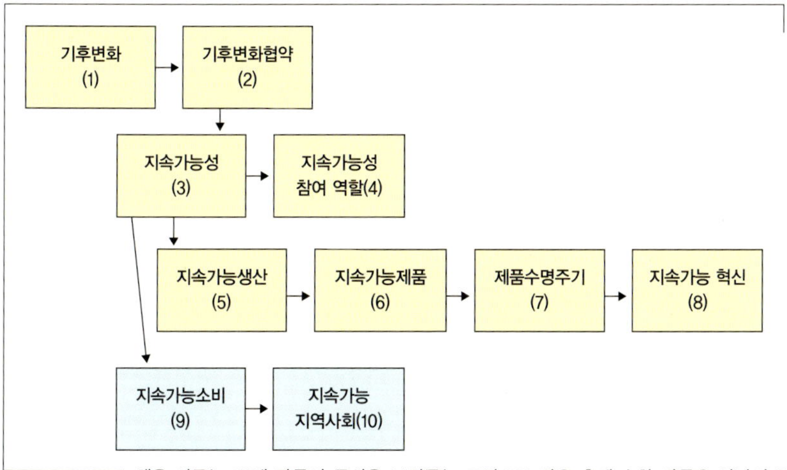

책을 이루는 10개 장들의 구성을 보여주는 그림으로 같은 층에 속한 장들은 하나의 편을 이루고 있다.

글쓰기 수명주기 공유

지속가능성의 여러 가지 특징 중 수명주기Life cycle는 제품이나 서비스의 지속가능성 구현을 위하여 결과만을 중시하지 않고, 제품의 설계에서 생산, 그리고 폐기까지의 전 생애과정을 고려한다. 이를 제품수명주기Product Life Cycle 중심의 관점이라고 한다. 이 책도 수명주기 관점을 채용하여, 저자의 글쓰기 활동의 수명주기를 가능하면 독자와 공유하도록 배려하고 있다. 일반적으로 독자는 저자의 글쓰기 결과인 인쇄된 책만을 읽게 된다. 이를 극복하기 위하여 각 장에 그림으로 표시된 주요개념과 개념들 사이의 관계를 제공하였다. 저자는 글쓰기 전에 이 체계도를 이용하여 각 장과 책 전체의 내용을 결정하고 글을 쓰기 시작한다. 이 그림을 독자들에게 제공함으로써 글쓰기 초기 단계인 기획 단계의 산물을 공유하고자 한다. 이 체계도는 독자들이 복잡한 책의 전체적 구조를 쉽게 이해하고, 일관되게 책을 읽어나갈 수 있도록 도와준다.

어떤 책이라도 그 내용은 완벽할 수 없으며, 특히 지속가능성은 현재 점차 구체화되고 있는 개념이므로 책이 출판된 후에도 책의 내용의 보완이나 잘못된 정보의 변경 등이 필요할 것으로 예측된다. 또한 지속가능성에 대한 새로운 사실이나 방향 등이 나타날 가능성도 있다. 그러므로 책의 내용을 보완할 수 있는 웹 사이트를 운영하며, 이에 대한 접근은 아래 웹 주소를 통하여 제공된다.

http://sites.google.com/site/kedblab/sustain

위에서 설명한 바와 같이 책의 출판 이전의 아이디어 공유와 출판 이후의 내용 보완과 변경을 위한 연결점을 제공함으로써, 독자에게 단순히 글쓰기의 결과만 제공하는 것이 아니라 수명주기에 관련된 정보와 지식을 아울러 제공할 예정이다.

대상 독자

이 책은 지속가능성이 어떻게 우리 생활, 특히 생산과 소비에 영향을 미칠 것인가에 관심이 있는 독자들을 위하여 쓰였다. 그러므로 이 책은 기후변화나 환경보호보다는 지속가능성의 영향과 적용에 초점이 맞추어져 있다. 기후변화는 단지 지속가능성의 필요성을 제공하는 한 중요한 원인으로써 다루어지고 있다. 기후변화 이외에도 자원고갈이나 공해 문제 등 지속가능성을 통하여 우리 인류 문명을 바꾸어야 할 타당한 이유들은 많이 있다. 기후변화는 현재 세계적인 관심대상이 되고 있고 매우 다양한 정보와 의견이 개진되고 있으므로, 이 책에서는 단지 이에 대한 전체적 이해를 위하여 간단한 소개를 제공하고 있다. 이 책은 환경보호나 개발반대와 같은 현재 문제에 집착하지 않고, 이를 해결하기 위한 미래 지향적 개념인 지속가능성의 이해와 그 적용 방법 소개에 초점을 맞추고 있다.

이 책은 대학의 각 전공별 학부과정에서 통합적인 지속가능성 이해를 위하여 사용될 수 있다. 특히 공과대학의 전공들은 이 책을 이용하여 제품과 서비스에 적용되는 지속가능성을 구체적으로 이해하게 되어 각 전공분야에 대한 추후 활동에 큰 도움을 줄 수 있으리라 생각된다. 저자가 지속가능성에 대해 자료를 조사하고 글을 쓰면서 지속가능성을 이해하기 위해서는 다양한 분야에 걸친 많은 량의 개념과 정보가 필요하다는 것을 알게 되었다. 이러한 배경 정보 없이는 지속가능성을 이해하기 어려울 뿐만 아니라, 진행 방향을 예측하는데 많은 제약이 따르게 될 것이라는 것을 깨달았다. 동시에 앞으로 다양한 전문분야로 지속가능성이 확대 적용될 때, 지속가능성에 대한 기초지식을 가진 전문가가 필요하리라 생각한다.

같은 이유로 이 책이 전문연구를 하는 대학원 학생이나 연구원들이 지속가능성의 기초를 이해하는데 도움이 될 것으로 예측된다. 이 책은 기업에서 제품을 개발하는 기술자들에게도 많은 도움을 줄 수 있다. 특히 3편의 지속가능 생산에서 나오는 개념들은 앞으로 제품개발에 꼭 고려되어야 할 사항들을 포함하고 있다. 개발자들에게는 지속가능성의 일반적인 이해와 함께 지속가능한 제품이나 서비스를 만드는데 필요한 다양한 정보를 제공한다.

이 책의 지속가능성에 대한 체계와 지식은 기업경영에도 많은 도움을 주리라 생각한다. 특히 8장의 '지속가능 혁신'은 기업에서 지속가능성을 어떻게 기업 경쟁력 강화의 기회로 삼아야 할지에 대한 방향을 소개한다. 이외에도 환경관련 규정이나, 지속가능제품의 예, 그리고 지속가능성 인증에 관한 자료들은 기업경영에 꼭 필요한 지식이 될 것 이다.

이 책에서는 국제기구와 정부의 주요역할인 지속가능 정책에 대한 자료를 제공하고 있다. 지속가능성 관련 국제적 협의 통로를 마련하고 이를 주도하고 있는 유엔기후변화협약 회의에서부터 자치정부에서 고려할 수 있는 탄소중립 지역사회와 지역기반 친환경 대중교통에 관한 내용을 소개하고 있다. 그러므로 이 책은 정책을 만들거나 정책 결정에 참여하는 독자들에게도 균형 잡힌 관점을 제공할 수 있다.

이 책은 위에서 언급한 지속가능성에 관련된 다양한 부분에 대한 전체적인 내용과 구성요소 간의 관계와 체계를 제공한다. 그러므로 이 책의 가장 큰 독자층은 지속가능성에 관심 있는 일반 독자들이 될 것이다. 이 책은 일반 독자들이 지속가능성을 체계적으로 이해하고, 새로운 패러다임에 성공적으로 적응할 수 있도록 도와주는데 가장 큰 목적이 있다.

이 책을 출판하기까지 여러분들의 도움을 받았다. 경상대학교 출판부 이명신 교수님과 김종길 선생님께 출판 기회와 여러 가지 도움을 주신데 대하여 감사드린다. 이 책을 비교적 빠른 시간에 쓸 수 있었던 것은 미국 National Institute of Standard and Technology(NIST)에서 1년간 객원 연구원으로 지낼 수 있었기 때문이었다. 1년간 수업에서 벗어나 온전히 한 분야만 고민할 수 있는 기회를 주신 경상대학교와 산업시스템 공학부 교수님들께 감사드린다. 또한 객원연구원 기간동안 지속가능성에 대한 많은 자료와 영감을 준 NIST Design and Process Group에게 감사드린다. 2007년 첫 번째 책을 쓰면서 어린 현수, 현빈과 많은 시간을 보내지 못하여 미안했다. 이번에도 역시 가족들의 이해를 영양분으로 이 책을 쓰게 되었다. 부쩍 큰 현수와 눈부시게 예쁜 현빈에게 고마움을 전한다. 물론 항시 어려울 때 힘을 주는 아내 미이에게도 깊은 고마움을 전한다.

2011년 가을

저자 도남철

차 례

기획교양도서
환경·생태·웰빙

제1부

지구온난화

제1장

바다 밑으로 사라지는 섬나라

이 장은 최근에 세계적 관심을 끌고 있는 지구온난화현상의 원인과 영향에 대하여 설명한다. 지구온난화현상은 산업화에 따른 대표적 부작용의 하나이다. 온난화가 기존 환경문제보다 더 많은 관심을 받는 이유는 특정 지역이 아

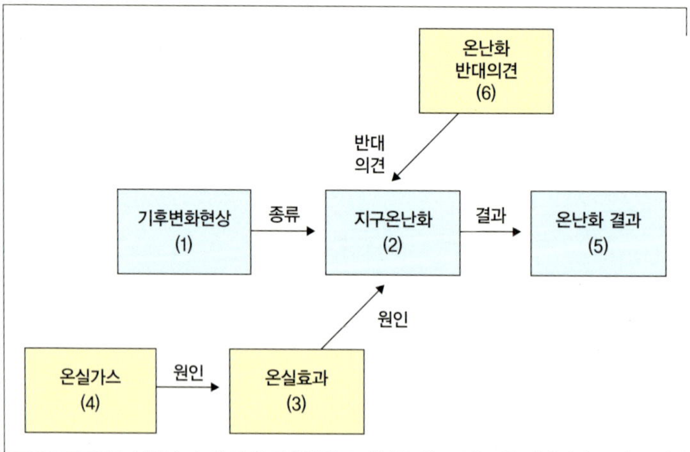

그림 1-1 이 장은 기후변화로 재난을 맞고 있는 두 섬나라의 소개로 시작한다(1). 기후변화 중 현재 문제가 되고 있는 지구온난화를 소개한다(2). 다음으로 지구온난화현상을 설명하는 모델인 온실효과(Greenhouse Effect)를 소개한다(3). 온실효과는 대기 중에 온실가스(Green House Gas: GHG)의 양이 증가함으로써 발생하므로 온실효과를 야기하는 온실가스를 설명한다(4). 그리고 지구온난화가 우리 생활에 주는 영향을 설명한다(5). 지구온난화는 복잡한 기상현상에 대한 과학적 해설과 예측이다. 그러므로 이에 대한 반대나 다른 의견들이 존재한다(6).

닌 범지구적인 문제이고, 그 대응이 시급하기 때문이다. 그러므로 온난화 문제는 이 책에서 다루는 지속가능성의 주요 원인을 제공하게 된다.

1. 몰디브와 투발루

몰디브Maldives는 인도양의 섬나라로, 국토 대부분이 해수면에서 2m이내 높이의 섬으로 구성되어 있다. 몰디브는 바다와 섬의 아름다운 풍경이 어우러져 세계적인 관광지로 알려져 있지만, 해수면 상승으로 바다 밑으로 사라질 가능성이 있다고 알려져 있다. 2009년 10월 17일 몰디브의 모하메드 나시드 대통령이 각료 13명과 함께 기리푸시섬 인근 바다 속에서 열린 수중 내각회의에서 세계 각국에 이산화탄소 배출량 감축을 촉구하는 결의안에 서명했다. 대통령과 각료들이 수중호흡장비를 착용한 채 바다 속에서 행사를 가진 이유는 전 세계에 몰디브가 바다 속에 가라앉을 수 있다는 경고를 하기 위해서이다. 몰디브 정부는 몰디브에 어떤 일이 생길 지 전 세계에 알리면서 기후변화에 적절히 대응하지 못하면 아름다운 섬나라가 바다 밑으로 사라질 수 있다는 경고를 보냈다.

투발루Tuvalu는 폴리네시아의 섬나라이다. 이 나라는 해수면이 매년 6~8 cm씩 높아져 나라 전체가 50년 안에 바다 밑으로 가라앉게 된다는 전망에 따라 전 국민이 다른 나라로 이주할 계획을 가지고 있다.

해수면이 점점 높아져서 섬나라가 지구상에서 사라지는 재해는 유래가 없다. 또한 재해를 당하는 국가들은 공통적으로 다수의 다른 국가들에게 재해의 책임을 묻고 있다. 몰디브는 세계 각국의 온실가스 감축을 촉구하는 결의안을 채택하였고, 투발루는 2001년 상징적이지만 국토포기를 선언하였다. 또한 2009년 12월 코펜하겐에서 열린 유엔 기후변화협약 회의에서 투발루 대표는 "우리나라의 운명은 당신들의 손에 달려있다"며 세계 각국의 대책을 요구하였다. 이 섬나라 사람들은 주로 선진국인 다른 나라가 자신들의 나라를 바다 밑으로 사라지게 하는 원인을 제공하였다고 주장하고 있다.

그렇다면 두 섬나라가 바다 밑으로 사라질 위기에 처한 것은 자연재해가 아닌 인간이 만든 재해일까? 지구와 환경을 연구하는 많은 과학자들의 믿을 만한 연구결과를 보면, 이 일은 인간이 만든 재해일 가능성이 매우 높다. 과학자들은 산업화로 인한 지구온도 변화로 해수면이 높아지고, 그 결과로 이들 섬나라가 바다 밑으로 사라질 수 있다고 설명하고 있다. 이렇게 지구의 기온이 변화하는 현상은 기후변화Climate Change의 일종으로 볼 수 있다.

2. 기후변화

기후란 비교적 장기간(일반적으로 30년간)에 걸친 평균 날씨를 뜻한다. 일반적으로 기후를 열대, 건조대, 온대, 냉대, 그리고 한대 등으로 구분하며, 이는 강수량과 온도의 특성에 따라 분류한 것이다. 우리가 말하는 날씨는 일시적인 기상현상을 뜻한다. 그러므로 기후변화란 평균적인 날씨가 비교적 장기간에 걸쳐 변화하는 현상을 뜻한다. 예로 온대 기후가 열대나 건조 기후로 변화하는 현상을 기후변화의 일종이라고 할 수 있다. 최근에 주로 언급되는 기후변화는 산업화의 영향을 받아 기온 상승이 예측되는 근현대 기후변화를 뜻한다. 이 책에서도 최근의 산업화 영향으로 의심되는 기후변화로써 그 의미를 사용한다. 그러므로 현재 기후변화라는 용어는 지구온난화에 관계된 여러 가지 활동에 쓰이고 있다. 예로 지구온난화에 대한 국제적 정책결정 역할을 하는 유엔의 회의체 이름에도 기후변화라는 용어를 쓰고 있다.

3. 지구온난화

기후변화의 한 현상인 지구온난화Global Warming는 비교적 장기간에 걸쳐 지구표면 부근의 대기와 바다 온도가 올라가는 현상을 뜻한다. 대표적인 기후변화 보고서인 정부간기후변화위원회Intergovernmental Panel on Climate Change: IPCC의 기후변화보고서[IPCC 2007]에 따르면 1906년부터 2005년까지 100년간 지구온도의 선형추이는 섭씨 0.74도 증가로 1901년에서 2000년까지 선형추이 0.6도보다 높은 것으로 나타났다. 특히 1956년에서 2005년까지 50년간 온도변화는 10년간 섭씨 0.13도로 100년간(1906년에서 2005년까지)의 선형 온도변화추세에 비하여 그 값이 두 배 높다. 이는 최근에 가까워질수록 지구온난화 정도가 심해지는 것을 보여주는 자료이다.

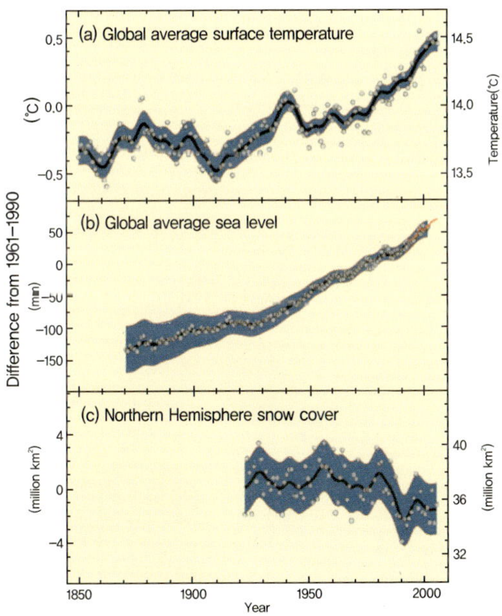

그림 1-2 이 그래프는 1850년대부터 현재까지 기기로 측정된 (a)평균 지표면 온도, (b)해수면 높이, 그리고 (c)북반구 3-4월 눈 면적의 추세를 보여주고 있다.[IPCC 2007] 각 점은 각 년별 값을 보여주고 있으며, 중간의 선은 평균값을 보여준다. 색이 칠해진 면적은 값의 불확실성을 보여준다. 이 그래프에서 최근에 가까워질수록 온도와 해수면이 높아지고 눈의 면적이 좁아지는 추세를 알 수 있다. 또한 현재에 가까이 다가오면서 그 추세가 더욱 강해지고 있다.

과학자들은 이러한 지구온난화가 인간이 진행한 산업화에 의한 온실가스의 대기 축적 때문으로 믿고 있다. 빙하 속에서 추출한 얼음기둥을 통하여 지난 10000년 동안 지구대기중 온실가스의 변화를 살펴보면 최근인 1975년부터 2005년까지 온실가스 농도가 70% 급격히 증가한 것을 알 수 있다.

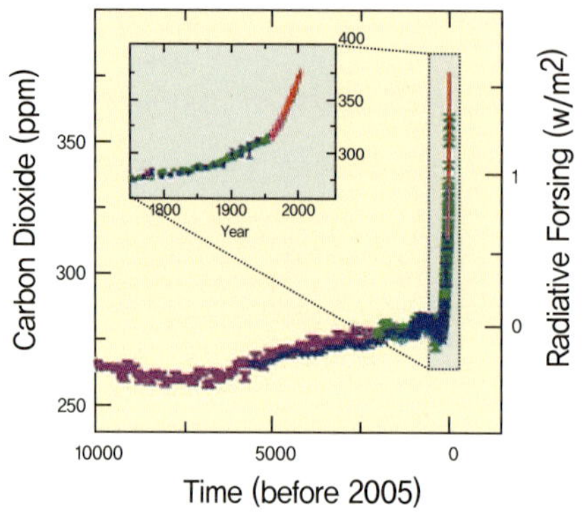

그림 1-3 이 그래프는 10000년 전부터 2005년까지 대기상의 이산화탄소 농도 추세를 보여주고 있다.[IPCC 2007] 이 그래프는 이산화탄소의 농도가 1975년 이후에 급격히 상승하는 것을 알 수 있으며, 이는 최근에 이산화탄소의 농도가 급격히 높아지고 있다는 것을 보여준다.

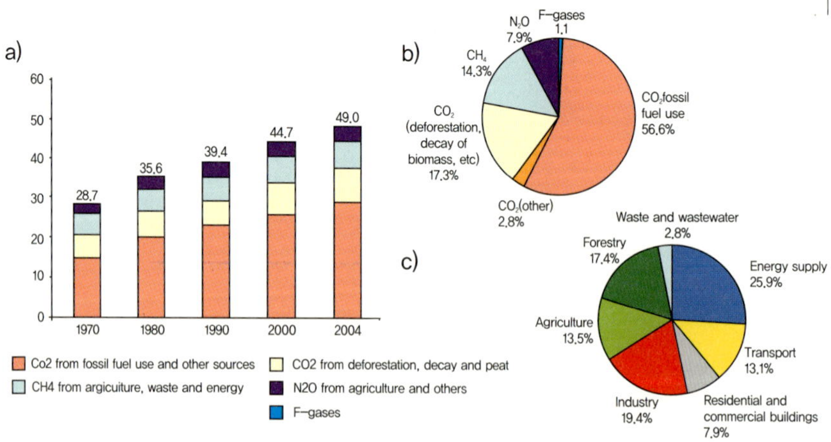

그림 1-4 이 그래프는 1970년대부터 2004년까지 온실가스 배출량 추세와 2004년 배출된 온실가스의 구성과 그 용도별 분포를 보여주고 있다.[IPCC 2007]

1975년부터 2005년까지 배출한 온실가스의 종류는 이산화탄소, 메탄, 그리고 질소산화물 등이다. 이중에 가장 큰 영향은 화석연료 사용으로 배출되는 이산화탄소로 예측되고 있다. 용도별 온실가스 배출량을 살펴보면 산림, 에너지공급, 산업용, 농업, 교통, 그리고 주거 및 상업용 빌딩 등이 큰 몫을 담당하고 있는 것을 알 수 있다.

현재의 화석연료 사용으로 인한 온실가스 배출 증가추세가 빠른 시일 내에 감소하지 않을 것으로 예측된다. 특히 최근에 산업화를 서두르고 있는 신흥 산업국들의 발전에 필요한 화석연료의 소비는 더욱 증가할 것으로 예측된다. 그러므로 지구온난화에 대한 적절한 대응 없이 현재와 같은 속도로 산업화가 진행된다면, 인류는 지구온난화로 인한 심각한 재해를 겪어야 할 것으로 예측하고 있다. 앞에서 언급한 해발고도가 낮은 섬나라가 바다 밑으로 사라질 위기도 지구온난화의 다양한 영향중의 하나이다. 지구온난화로 대기 온도가 상승함에 따라 극지방에 있는 해빙과 빙설이 녹고, 바닷물 온도가 높아져 부피가 팽창함에 따라 해수면이 높아지게 된다. 이로 인해 위에서 설명한 몰디브와 투발루와 같은 섬나라들이 바다 밑으로 사라지게 되는 것이다. 현재 일어나고 있는 지구온난화는 태양의 빛에너지가 대기 중에 특정 기체에 흡수되어 지구표면의 온도를 올리는 온실효과로 설명이 가능하다.

4. 온실효과

온실효과Greenhouse Effect는 지구에 흡수된 태양열이 외부로 방출되지 못하고 지표근처의 쌓이게 되는 현상을 뜻한다. 태양으로부터 방출되는 빛 에너지는 지구 대기권에 도착하면 외계로 반사되거나 대기권에 흡수되게 된다. 그 중 일부 에너지가 대기권을 지나서 지구표면에 흡수되게 된다. 이렇게 지표에 흡수된 빛 에너지는 열에너지나 적외선 형태로 다시 지표 밖으로 방출되게 된다.

이때 방출되는 적외선의 일부는 직접 외계로 빠져나가지만 나머지는 지표면에 있는 수증기나 이산화탄소 등에 흡수되게 된다. 이때 대기 중에 방출되는 적외선 에너지를 흡수하는 기체를 온실가스Greenhouse Gas라고 부른다. 이렇게 흡수된 에너지는 다시 방출되어 지표를 덥히게 되어, 지표면에 가까운 대기 온도를 일정하게 유지하게 된다.

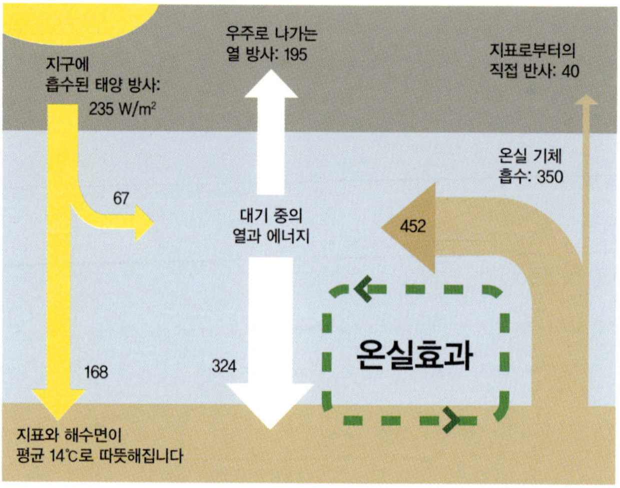

그림 1-5 위 그림은 온실효과를 보여주고 있다. 태양으로부터 온 빛 에너지는 대기를 지나 지표에 도착하여 지표를 덥히게 된다. 더워진 지표는 적외선 형태의 열에너지를 대기 중에 발산하게 되면 이들 중 일부가 수증기나 온실가스에 의하여 대기 중에 남게 되어 지표상의 온도를 높이게 된다.(출처 http://wikipedia.org 2010)

온실효과는 지표상의 온도를 비교적 일정하게 유지시켜주므로 생명체가 살아가는데 중요한 도움을 주는 현상이다. 예로 대기가 희박하여 온실효과를 기대할 수 없는 화성의 경우 적도지역의 낮의 온도는 섭씨 25도, 밤의 온도는 섭씨 -85도까지 내려간다. 그러므로 온실효과가 없다면 지구상의 우리들도 해가 비칠 때와 그렇지 않을 때에 극심한 온도차를 경험하게 될 것이다.

온실효과 자체는 우리에게 더할 나위 없이 고마운 현상이지만, 지구대기 중에 온실효과의 원인인 온실가스가 점점 증가하는데 문제가 있다. 지구에서

방사되는 적외선 형태의 에너지를 잡아두는 온실가스가 증가하면서 점점 많은 양의 방출에너지가 대기 중에 머무르게 되고 지표 근처의 온도가 오르게 되는 것이다. 현재 대기 중의 온실가스 증가는 산업화의 결과로 배출된 대량의 기체 때문으로 믿어지고 있다.

5. 온실가스

대기 중에서 지표면에서 복사되는 열을 흡수하여 온실효과를 일으키는 온실가스Greenhouse Gas는 이산화탄소, 메탄, 그리고 프레온 가스 등이 있다. 이 중 이산화탄소가 온실효과에 기여도가 가장 높은 것(약 50%)으로 알려져 있다. 이산화탄소는 무독성의 기체로 자체로는 인간에 피해를 주지 않는다. 이산화탄소는 주로 화석연료의 연소와 산림의 연소로 대기 중에 배출되며, 약 100년간 대기 중에 남아있게 된다. 이산화탄소 배출량은 2차 세계대전 후에 급속도로 증가된 것으로 알려져 있나. 최근에는 대규모 인구를 가진 개발도상 국가들의 경제성장으로 인한 화석연료 소비 증가와 산업화 과정에서 광범위하게 일어나는 벌목으로 온실가스 배출량 증가속도가 더욱 빨라지고 있다.

다음으로 메탄은 가축의 배설물 등을 박테리아가 분해할 때 생성되며, 온실효과에 기여도가 약 20%로 알려져 있다. 최근에 대기 중의 메탄의 양이 급속히 증가했는데 이의 원인으로 대규모 기업형 가축사육의 증가를 지목하고 있다.

온실가스의 하나인 프레온(염화불소)가스는 자연적으로 발견되는 가스가 아닌 합성화학물질이다. 프레온 가스는 주로 냉장고와 에어컨의 냉매제와 스프레이에 많이 사용되었다. 프레온 가스는 대기 중에 400년 이상 분해되지 않고 남아있게 된다. 프레온 기체는 열을 흡수하는 능력이 이산화탄소의 1만 6천배에 이르므로 대기 중 존재량에 비하여 온실효과 기여도가 약 20%로 높다.

온실가스를 감축하는 가장 좋은 방법은 화석연료 사용을 줄여 온실가스 배출을 감소시키는 것이다. 동시에 지속적으로 감소하고 있는 산림을 회복시켜 대기 중의 이산화탄소를 흡수하는 방법이다. 부가적으로 가축사육 체계를 개선하여 메탄배출을 축소시켜야하며, 냉매로 사용하는 프레온 가스의 사용을 금지하고 대기 중 노출을 막아야 한다.

우리의 일상생활과 산업은 대부분 화석연료의 연소에서 나오는 에너지에 의존하고 있다. 그러므로 화석연료를 사용하지 않으면서도 풍요로운 생활이 가능하고, 우리의 산업을 유지할 수 있는 새로운 대체 수단의 개발과 사용이 지구온난화를 막을 수 있는 최선의 방법이다.

최근에 저탄소 경제, 탄소배출이력Carbon Footprint, 등에서 언급하는 탄소란 대표적인 온실가스인 이산화탄소를 뜻한다. 온실가스 중에 이산화탄소의 기여도가 가장 높으므로 이를 이용하여 온실가스를 표현하고 있다. 아울러 이산화탄소 배출량은 특정 활동이 환경에 미치는 영향 정도를 표시하는 지표와 단위로 사용된다. 특히 여러 종류의 온실가스의 영향을 하나의 지표로 보여주기 위하여, 각 온실가스의 온난화 영향을 이산화탄소의 온난화 영향으로 일괄적으로 보정하여 표시하고 있다. 특정 온실가스의 배출량을 동일한 온난화 영향을 주는 이산화탄소 배출량으로 변환하여 표시하는 단위가 CO_2e 이며, e는 영문 equivalent의 약자이다.

이산화탄소 배출량의 예로, 세계에서 처음으로 버거에 탄소배출이력(Carbon Footprint)을 표시한 스웨덴의 맥스버거에 따르면 자사의 버거 1개당 탄소배출이력은 1.8kg CO_2e라고 한다.[BBC 2009] 여기서 1.8kg 의 이산화탄소는 필요한 고기, 야채, 밀 등을 사육, 재배, 운송하여 버거 1개를 만드는 과정에서 배출하는 온실가스의 합을 뜻한다. 이 과정에서 필요한 원료, 기계류, 그리고 교통수단 등에서 배출된 온실가스도 모두 포함해서 계산하게 된다. 여기서 다양한 온실가스 종류별로 그 수치를 밝히기 보다는 각 온실가스의 온난화 영향을 이산화탄소의 온난화 영향으로 보정하여 그 양을 이산화탄소로 변경하여 총합을 내게 된다. 예에서 버거에 사용된 쇠고기는 주로 소를 사육하는 과정에 발생하는 대량의 배설물에서 메탄이 발생하게 되는데, 이를 이산화탄소량으로 환산하여 이산화탄소 배출이력에 포함시키게 된다.

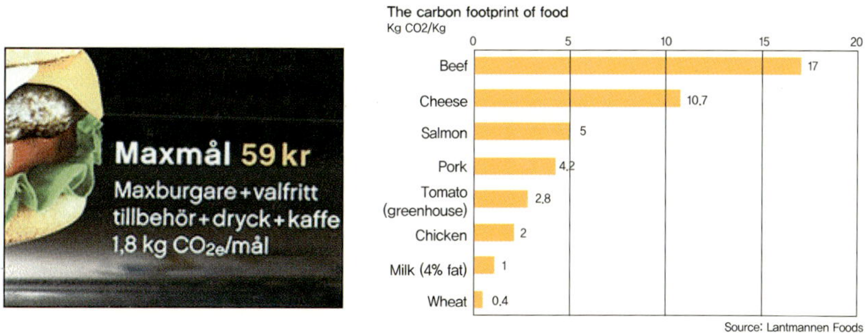

그림 1-6 스웨덴의 맥스버거에 표시된 탄소배출이력을 보여주고 있다. 우측은 우리가 많이 먹는 음식의 탄소배출이력을 보여주고 있다. 예로 쇠고기의 경우 1kg 당 17kg 이산화탄소로 환산된 온실가스를 발생시키는 것을 알 수 있다.(출처 http://news.bbc.co.uk 2010)

기존의 환경문제에서는 주로 인간을 비롯한 생명체에 직접적인 해를 끼치는 성분이 얼마나 포함되어 있느냐가 환경영향의 지표였지만, 지구온난화 문제에서는 자체로써는 독성이 없지만 온난화의 원인을 제공하는 온실가스 배출량이 환경에 영향을 보여주는 지표가 된다.

6. 지구온난화 영향

지구온난화는 인류생활의 다양한 부분에 영향을 미칠 것이다. 우선 온도의 상승은 농업에 가장 큰 영향을 미칠 것이다. 온도의 상승은 등온선을 북쪽으로 이동시키고, 이는 현재의 작물재배 상황을 교란시켜 식량공급에 큰 영향을 미칠 것이다. 또한 기온 변화는 강수량에 영향을 줄 것이고, 이는 농업 생산에 혼란을 더욱더 가중시킬 것이다. 기후변화로 인한 해수면의 상승은 현재 지구상 대부분의 비옥한 경지를 제공하고 있는 강 하구의 저지대를 침수되게 하거나, 소금물로 인해 더 이상 농사를 지을 수 없는 땅으로 변하게 만들어, 식량 생산에 심각한 피해를 줄 것으로 예측된다.

두 번째로 지구온난화는 현 생태계가 적응할 수 없는 빠른 환경 변화를 야기하여 생태계의 붕괴를 일으킬 수 있다. 온난화가 진행되어 빠른 속도로 등온선이 이동할 경우, 지역에 적응하여 살던 동물이나 식물들은 변화된 기온에 적응할 시간을 벌 수 없어 소멸되게 된다. 생태계의 한 부분의 소멸은 다른 구성원에 연쇄적으로 영향을 미치고, 이로 인해 생태계가 회복할 수 없는 단계로 파괴될 수 있다. 물론 생태계와 독립해서 살아갈 수 없는 인류에게도 이로 인한 직간접적인 다양한 피해가 예상된다. 예로 생태계의 교란은 신종 병원균의 빈번한 출현을 야기할 수 있으며, 이로 인한 질병의 만연은 인류의 생존에 영향을 미칠 수 있다.

세 번째로 기상의 변화이다. 지구온난화는 강수량을 비롯한 바람, 해류 등에 영향을 줄 것이다. 이러한 변화는 이상기후를 더욱 빈번하게 발생시킬 가능성이 있다. 최근에 보다 강력한 태풍이나 폭설 등이 빈번히 발생하는 것들이 지구온난화로 인한 기후교란의 일환으로 보는 시각이 있다.

마지막으로 온난화로 인한 해수면 상승의 영향이다. 해수면 상승은 앞에서 언급한 농업에 큰 영향을 주지만 특히 세계 인구의 1/3이 거주하는 연안지역에 피해를 주게 된다. 대부분의 주요도시들이 연안에 위치하고 있으므로, 해수면 상승으로 인한 침수로 거주, 산업, 그리고 교통 시설의 대규모 피해와 혼란이 불가결하게 된다. 이 장 도입부에서 언급한 섬들의 침수도 해수면 상승으로 인한 피해의 하나이다.

지구온난화는 기후, 생태계, 그리고 인류의 거주와 농업을 비롯한 다양한 산업 분야에 영향을 미쳐 인류 생존의 기본 바탕을 흔들리게 한다. 이러한 기초적인 변화들은 곧 이를 바탕으로 하고 있는 다양한 인간 문명 요소에 영향을 미치게 되어 폭발적인 변화와 혼란을 가져올 수 있다. 예로 온난화의 영향들이 인류의 정치, 경제, 그리고 사회적 구조에도 극심한 변화를 주어 전 세계적인 긴장과 전쟁을 발생시킬 수도 있다.

7. 지구온난화에 대한 다른 의견

위에서 언급한 지구온난화에 대한 원인과 결과는 과학적 근거를 가진 의미 있는 예측일 뿐이며, 다른 의견을 가진 다수의 과학자들이 존재한다. 이들은 지구온난화의 원인을 다른 이유로 설명하거나, 그 예측이 정확하지 않다는 등의 비판을 하고 있다.

첫 번째 반대 부류는 지구온난화가 공업화의 결과로 나타나는 현상이지만, 그 예측이 과장되어 있다고 주장하고 있다. 이 주장에는 2035년 히말라야 해빙에 관한 IPCC 보고서의 오류와 다양한 기후 변화 요소를 포함하지 못한 기후모델의 단순성을 이유로 들고 있다.[싱거 2009]

두 번째 반대 부류는 지구온난화를 포함한 현재의 기후변화가 공업화의 결과로 나타나는 현상이 아니라 자연현상의 일부일 뿐이며, 지구온난화에 대한 공업화의 영향은 미미하다는 주장을 하고 있다.[스펜서 2008] 나아가 자원고갈 문제도 시장과 수요의 법칙에 의하여 자율적으로 해결될 것으로 예측하고 있다.

이들 반대 주장들은 다양한 과학적 근거를 제시하고 있으며, 시한을 정해놓고 온실가스 감축 활동을 강제하는 현 기후변화협상체제에 대하여 비판하고 있다. 반대 주장에 따르면, 이러한 공포에 의한 강압은 지구온난화를 방지하기 위한 비효율적인 자원 투입과 기아나 질병과 같은 현재 인류가 시급히 해결해야 할 문제를 소홀히 하는 부작용을 낳고 있다고 한다.

이렇게 온실가스에 의한 지구온난화 문제에 대한 다양한 의견이 대립하는 이유는 온실가스에 의한 지구온난화 문제에 대한 입장의 차이가 국가정책과 산업화 방향을 바꿀 수 있는 큰 영향력을 가지고 있기 때문이다. 국가정책과 산업화 방향의 변환은 많은 이해 당사자 간 대립을 발생시키고 있다. 이러한 대립은 국가 내 뿐만 아니라 국가 간에도 발생하고 있다. 예로 현재의 강제적 온실가스 감축 협상은 이미 공업화를 지난 선진국을 추격하는 개발도상국에게는 일종의 견제작용을 하게 되어 이해 당사국의 반발을 사고 있다.

기후변화에는 다양한 요인이 작용하고 있고, 그 범위가 광대하므로, 그 원인을 정확하게 설명하기는 쉽지 않다. 그러므로 현재로써는 지구온난화에 대한 결정적인 근거를 제시하기는 어렵다. 하지만 비록 지구온난화가 예측한데로 심각하지 않거나 혹은 발생하지 않아도, 화석연료기반의 현대 문명은 발전의 한계에 봉착해있다. 그러므로 이를 극복하기 위한 지속가능성의 필요성이 여전히 존재한다.

제2장

노벨평화상을 받게한 보고서

이 장은 현재 지구온난화에 대한 전 세계적 대응을 주도하고 있는 유엔 기후변화협약 당사국총회UN Framework Convention on Climate Change Conference Of Parties: UN FCCC COP와 이의 과학적 기반을 제공하는 정부간기후변화위원회

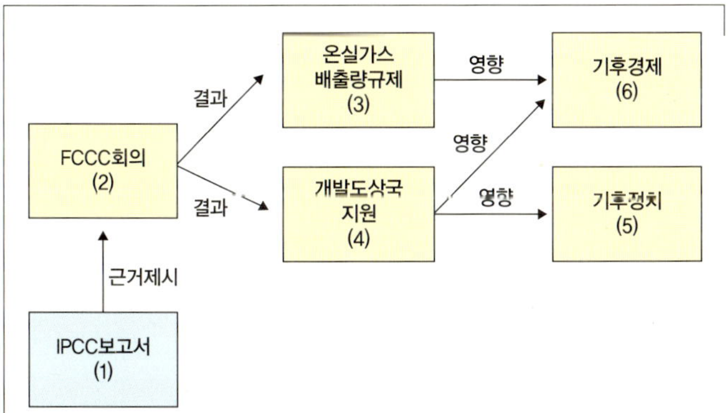

그림 2-1 이 장의 시작은 2007년 노벨평화상을 받은 유엔 정부간기후변화위원회(IPCC)와 이들이 작성한 기후변화 보고서를 소개한다(1). 다음으로 IPCC 기후변화 보고서를 과학적 근거로 지구온난화 문제를 해결하기 위한 국제적 협약을 주도하는 기후변화협약(FCCC) 당사국 총회를 알아본다(2). 기후변화협약의 이행은 온실가스 배출 규제(3)와 개발도상국 지원(4)으로 구성되어 있다. 기후변화는 국경을 초월하는 전 지구적 문제이므로 참여하는 국가들의 상호 협조가 필요하다. 하지만 국익을 최우선으로 하는 국제사회에서 자국 산업 보호와 이해 추구를 위한 기후정치(5)가 존재한다. 아울러, 각국 정부는 기후변화 대응을 계기로 산업경쟁력 강화와 차세대 성장동력을 성취하려는 기후경제(6)에 많은 노력을 기울이고 있다.

Intergovernmental Panel on Climate Change: IPCC 보고서를 중심으로 기후변화에 대한 전 지구적 대응 노력에 대하여 설명한다. 이 장의 내용을 이해하면 현재 세계적으로 진행되고 있는 지구온난화 대응이 어떻게 조정되고 있으며, 그 결과가 각국 정부에 어떻게 영향을 미치는지 알 수 있게 된다.

1. 2007년 노벨평화상을 받은 IPCC

노르웨이 노벨위원회는 2007년 노벨평화상 공동 수상자로 앨 고어 전 미국 부통령과 유엔 정부간기후변화위원회IPCC를 선정했다. 노벨위원회는 "인류는 심각한 기후 변화를 목격하고 있다. 고어 전 부통령과 IPCC는 인류에게 큰 위협이 되는 기후변화가 인간이 야기한 문제라는 사실에 경각심을 불러일으킨 대표적인 인물과 단체"라고 선정 이유를 밝혔다. IPCC는 1988년 유엔 환경계획UNEP과 세계기상기구WMO가 기후변화에 대한 연구와 정책제안을 위하여 만든 단체이다. 이 단체에는 기후, 해양, 그리고 경제 분야의 전문가 3000여명으로 구성되어 있으며 1999년부터 지속적으로 관련 보고서를 발표하여 기후변화에 대한 주의를 환기시켰다. 이 보고서는 유엔 기후변화협약의 활동 근거를 제공하였으며, 기후변화를 전 지구적인 문제로 부각시키고 이를 해결하기 위한 전 세계 정부들의 행동을 촉발시키는 계기를 마련하였다. 그러므로 IPCC는 그들이 작성한 기후변화보고서로 인하여 2007년 노벨평화상을 받게 되었다.

IPCC 보고서는 기후변화의 원인, 영향, 그리고 가능한 대응전략을 제공하기 위하여 정기적으로 제공되는 가장 종합적이고 최신 보고서이다. 이 보고서는 기후변화에 대한 수백 명의 전문가들의 평가 결과를 포함하고 있으며, 학계, 각국 정부, 그리고 산업계에서 기후변화에 대한 표준 참고 자료로 사용되고 있다. 이들 보고서중 'Climate Change 2007 - 종합보고서'[IPCC 2007]는 IPCC 3개 분과의 연구를 통합하여 6개 주제의 기후변화에 대한 연구 내용을 제공하고 있다.

주제1. 기후변화와 그 영향 변화에 대한 객관적 현상 관찰

주제2. 관찰된 기후와 영향 변화 이유에 대한 설명

주제3. 각기 다른 시나리오 하에서 장단기 기후변화와 그 영향에 대한 예측

주제4. 지역과 세계적 관점에서 적응과 완화● 조건과 대응 그리고 지속가능개발●●과의 관계

주제5. 지속가능 관점에서 적응 및 완화와 관계된 과학적 사회경제적 이론

주제6. 신뢰할 만한 발견들에 대한 정리와 남아있는 주요 의문사항들

●적응이란 인간시스템이 기후변화의 결과에 대하여 대응하는 것을 뜻하며, 완화란 인간시스템이 기후변화에 주는 영향을 감소시키는 활동을 뜻한다.

●●지속가능개발이란 개발 결과가 미래 세대의 환경과 자원 확보에 피해를 주지 않는 방식의 개발을 뜻하며, 이 책의 3장과 4장에서 상세하게 다루게 된다.

기후변화 보고서는 통일된 관점의 연구를 진행하기 위하여 인위적인 기후변화 요인, 영향, 그리고 반응에 대한 체계도를 이용하고 있다.(그림 참조) 이 체계도는 크게 지구시스템과 인간시스템으로 구성되어 있다. 지구시스템의 중요한 요소는 '기후변화'이다. 기후변화는 기온변화, 강수량변화, 해수면 상승, 그리고 기상이변으로 구성되어 있다. 반대쪽의 인간시스템의 주요 요소는 '사회 경제적 개발'이다. 관련 요소는 관리, 기술, 교환, 문자해독, 건강, 평등, 인구, 그리고 사회문화적 선호도로 구성되어 있다. 즉 기후변화 보고서는 기후변화와 지속가능개발(사회 경제적 개발)간의 관계에 대한 보고서로 이해할 수 있다.

체계도에 의하면 지구시스템과 인간시스템은 두 가지 측면에서 서로 연계되어 있다. 하나는 기후결정요인으로써 온실가스의 축적과 방출에 의하여 기후가 결정된다. 이는 적절한 사회경제적 개발방법으로 그 정도를 완화시킬 수 있다. 다른 관계는 기후변화로 인한 영향으로 자연에서는 생태계와 수자원이 영향을 받고 인간시스템에서는 식량 확보, 정착과 사회, 그리고 인류건강이 영향을 받는다. 인간시스템은 한도 내의 기후변화에 적응할 수 있다. 연속적으로 발간되는 보고서는 체계도의 화살표로 표시된 기후변화와 인간의 사회경제적 개발간의 다양한 관계를 밝혀내고 있다. 2007년 보고서의 기후변화와 기후변화 이유에 대한 일부 설명이 이 책의 1장에서 기후변화와 온실가스의 연관 관계 설명에서 소개되었다.

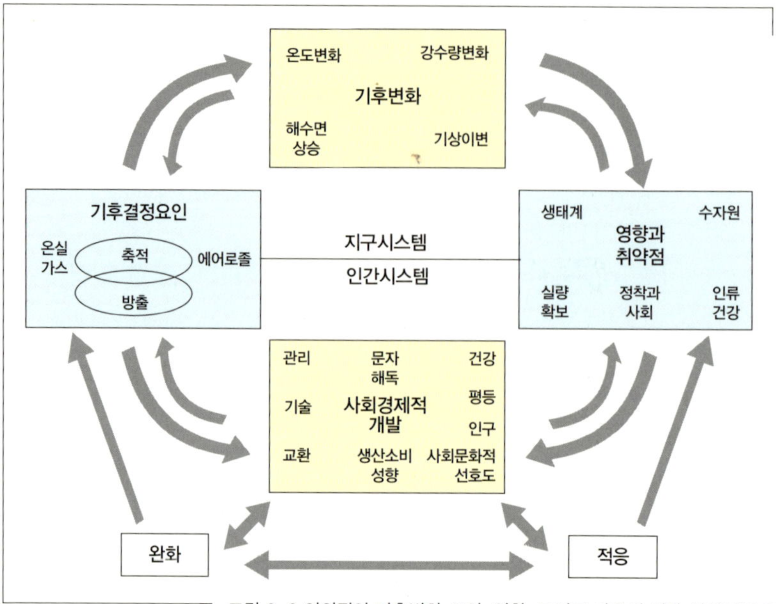

그림 2-2 인위적인 기후변화 요인, 영향, 그리고 반응에 대한 체계도[IPCC 2007]

2. 유엔 기후변화협약

유엔 기후변화협약UN Framework Convention on Climate Change: UN FCCC은 기후변화에 전 세계적으로 대처하기 위하여 1992년 유엔 주도로 만들어진 국제 협약이다. 우리나라는 1993년에 34번째 국가로 가입하였다. 기후변화협약은 지구온난화에 대응하여 전 세계국가들이 참여하는 중요한 회의체 역할을 해왔다. 기후변화협약은 매년 관련 국가들이 모여 현안을 상의하고 결정하는 당사국총회COP라는 회의를 개최하고 있다. 온난화 문제가 주목을 받으면서 기후변화협약 당사국총회가 점점 더 중요시되고 있다.

중요한 당사국총회 중의 하나는 1997년 일보 교토에서 열린 제3차 회의이다. 교토 회의에서는 처음으로 주요 국가들에게 온실가스 배출량을 감축하도록 책임을 지우는 교토의정서를 정하였다. 교토의정서는 2005년부터 발효되어 산업화를 주도해온 선진국들에게 2008년부터 2012년 기간에 온실가스 배출량을 1990년 대비 평균 5.2% 감축하는 의무를 부여하고 있다. 이 감축의무는 선진국을 포함한 일부 국가들에게만 부여되어 있고, 우리나라는 감축의무국에서 제외되어 있다.

기후변화협약의 목표는 IPCC 보고서에 근거하여 지구 기온 상승을 1990년 대비 섭씨 2도 이하로 제한하는 것이다. 이를 위하여 협약에 참여하는 국가들에게 온실가스를 감축하도록 규제하고 이에 필요한 지원활동을 약속하고 있다. 교토의정서는 협약에 참여하는 국가 중 일부에게만 감축의무를 부여하였으나 앞으로의 협약은 선진국과 개발도상국을 포함한 모든 국가들에게 감축의무를 부여할 예정이다.

기후변화협약은 크게 두 가지 부분에서 약속을 하게 된다. 하나는 각국에 온실가스 배출량을 할당하여 그 내에서 온실가스를 배출하도록 하는 것이다. 만일 온실가스 배출량이 규제량을 넘을 경우 온실가스 배출권 시장을 포함한 다양한 방법을 통하여 배출권을 확보해야 한다. 다른 하나는 개발도상국에 대한 온실가스 배출저감 기술과 기술개발 비용의 지원이다. 협약의 결과로 개발도상국 지원을 위한 기금의 규모와 분담 방법을 약속하게 된다.

3. 유엔 기후변화협약의 온실가스배출량 규제

IPCC 보고서에 따르면 2050년까지 전 세계 온실가스 배출을 1990년 대비 절반이상 감축하여 온도상승을 섭씨 2도 이하, 대기 중 온실가스 농도 450ppm 이하로 유지하여야만 지구온난화로 인한 파경을 피할 수 있다고 한다. 제시된 상한선을 공통목표로 삼아서 전 세계 정부들이 각 국의 온실가스 배출량 감축목표를 결정하여야 한다. IPCC는 목표를 달성하기 위해서 선진국의 경우 2020년까지 온실가스를 1990년 대비 60-75%까지 줄여야한다고 권고하고 있다.

유엔기후변화협약은 IPCC의 제안에 근거한 장기목표를 달성하기 위하여 각국의 온실가스 배출량을 규제하도록 노력하고 있다. 협약에 참가한 국가들은 자국의 사정에 맞는 조건들을 제시하고 있으며, 한국은 2020년 온실가스 배출전망치의 30%를 감축하는 것을 제안하고 있다. 2020년 배출 전망치는 2005년 배출량보타 37% 증가한 8억 1300만 톤이며, 이 중 30% 감축은 2억 4400만 톤에 해당한다. 감축예정인 2억 4400만 톤은 우리나라 총인구가 2000cc 중형 승용차를 이용하여 서울, 부산 간을 25번 왕복하는데 발생하는 온실가스 발생량에 해당한다.[대통령실 2009]

4. 유엔 기후변화협약의 개발도상국지원

기후변화협약의 또 다른 주제는 개발도상국에 대한 온실가스 감축 기술과 자금 지원이다. 개발도상국들은 온실가스 배출의 역사적 책임을 가진 선진국들이 개발도상국들에게 온실가스 감축을 위한 기술과 자금을 지원할 것을 요청하고 있다. 예로 개발도상국들은 2020년까지 매년 수천억 달러의 지원을 요청하고 있다.

하지만 선진국과 개발도상국은 기후변화협약 규제적용과 지원부분에서 많은 마찰을 빚고 있다. 선진국은 개발도상국의 강제적 규제 참여를 종용하고 있으며, 개발도상국은 온실가스 감축을 위한 기술과 자금 지원에 대한 약속을 원하고 있다. 최대 온실가스 배출국인 미국이 교토의정서 비준을 개발도상국 불참을 이유로 거부하는 등 선진국과 개발도상국의 대립은 기후변화협약에 큰 걸림돌이 되고 있다.

5. 기후정치

지구온난화는 국경에 무관하게 전 지구에 영향을 미치는 사안이므로 모든 국가들이 관심을 가지지만 참여하는 국가들은 자국의 상황에 따라 서로 다른 입장을 견지하게 된다. 특히 지구온난화가 과학적 문제에서 각국의 경제와 미래 성장에 지대한 영향을 미치는 주요한 경제 사회적 문제로 발전함에 따라, 외교 역량을 동원해 자국의 이익을 확보하려는 기후 정치가 활발히 진행되고 있다. 국가의 이익에 많은 영향을 미치는 기후변화협약에서 같은 입장에 처한 국가들 사이에 세력을 형성하고, 자국에 유리한 협약을 체결 할 수 있도록 압력을 행사하고 있다.

기후정치의 주된 원인은 기후변화협약의 결과로 발생하는 다음의 두 가지 경제적 이해관계로 나누어 볼 수 있다.

- 온실가스 감축에 따른 산업발전에 부담
- 미래 성장동력 확보를 위한 유리한 위치 선점

기후변화협약은 각국의 산업화과정에서 발생하는 온실가스의 감축을 요구하며, 온실가스를 감축하기 위해서는 새로운 기술과 설비를 마련하기 위한 비용이 필요하다. 이러한 비용은 기업의 경쟁력을 약화시켜 산업발전에 부담을 주게 된다. 특히 기존의 교토의정서는 개발도상국들의 온실가스 감축의무를 면제하고 있지만, 앞으로의 협약은 개발도상국을 포함한 모든 국가의 참여를 포함할 것으로 보인다. 이는 중국과 인도를 포함한 개발도상국들의 자원소비 규모가 크고, 온실가스 감축 일정이 매우 급박하기 때문이다. 그러므로 기후협약에 참여하는 산업화를 이미 끝낸 선진국과 현재 산업화를 진행 중인 개발도상국 사이에서 입장차이가 나타나고 있다.

현재 개발도상국들은 산업화를 활발히 진행 중이며, 이 과정에 온실가스 감축은 부가적인 비용을 요구할 뿐만 아니라 목표로 하는 산업화 일정을 늦게 할 가능성도 있다. 개발도상국의 입장에서 보면 현재 온실가스로 인한 기후변화는 선진국들이 과거 산업화 과정에서 생긴 문제이므로 선진국들이 책임을 져야할 사항이라고 주장한다. 그러므로 이러한 역사적 사실을 무시하고 모든 나라에 일괄적으로 온실가스 감축 의무를 지우는 것은 불공평하다는 의견이다. 그러므로 선진국과 개발도상국이 서로 다른 온실가스 규제 체계를 만들어야 한다는 주장이 제기되고 있다. 반면에 선진국들은 모든 나라가 통일된 규제체계를 견지할 것을 주장하고 있다.

● 친환경 기술은 녹색기술로 표현하기도 하며 청정연료개발, 에너지 효율화, 그리고 온실가스저감기술 등을 포함한다.

온실가스저감 기술 등 친환경 기술●이 국가의 차세대 성장동력으로 유력시됨에 따라 이를 미리 확보하려는 국가 간의 이익 다툼이 심해지고 있다. 특히 산업혁명 이후 미국과 아시아 국가들에게 산업의 주도권을 빼앗긴 유럽의 경우, 친환경 기술을 통한 다음 세대의 주도권 확보를 전략적으로 추진하고 있다. 친환경 기술은 단순히 기술 자체만으로 완성되지 않고 표준, 정책, 그리고 제도가 함께 어우러져야 하는 부분이다. 유럽연합은 다양한 연구개발과 정책을 통해 친환경 기술의 개발과 적용에 대한 많은 경험을 확보하고 있으며, 이를 바탕으로 친환경을 기반으로 하는 다음 세대 산업경쟁에서 주도적 역할을 모색하고 있다. 반면에 미국, 일본, 중국, 그리고 인도 등은 기존의 경쟁력 있는 산업 활동을 지속하며, 친환경기술을 확보하고자 기후변화협약의 다양한 분야에서 대립 혹은 협력하고 있다.

6. 기후경제

●● 저탄소에서 탄소란 화석연료의 사용으로 발생하는 온실가스를 대표하는 뜻으로 사용되고 있다. 즉 저탄소란 온실가스가 적게 발생하는 연료를 기반으로 하는 체제를 뜻한다.

기후경제는 기존의 화석 연료를 근간으로 한 성장대신 저탄소●●에 기반을 둔 새로운 경제 패러다임에서 성장 동력을 확보하려는 경제활동으로 볼 수 있다. 기후변화 문제가 경제적 활동으로 발전 될 수 있는 계기는 교토의정서에서 제시된 유연체계Flexible Mechanism부터라고 볼 수 있다. 특히 이 체계 중 배출권거래제는 새로운 시장을 창출하고 친환경 경제 체제로의 진입을 가속화 시킬 수 있는 가능성을 보여주고 있다.

유연체제란 온실가스 감축을 단순한 규제로써 제한하지 않고 보다 시장 친화적이고 효율적인 방식으로 실행할 수 있도록 제시된 방법이다. 이 방법을 사용하면 단순 규제로 제한한 경우보다 전체 감축비용을 상당히 낮출 수 있다. 유연체제는 배출권 거래제Emissions Trading, 청정개발체제Clean Development Mechanism: CDM, 그리고 공동이행제도Joint Implementation: JI로 구성되어 있다.

이 중 배출권 거래제란 온실가스를 사고 팔수 있는 시장을 뜻한다. 예로 특정 기업이나 정부가 배출 규제량보다 더 많은 온실가스를 배출하였을 경우, 초과량만큼의 온실가스배출권을 배출권거래 시장을 통해 구입해야한다. 반대로 만일 규제량보다 적은 온실가스를 배출하였을 경우, 여유분만큼의 배출 권리를 배출권거래시장에서 판매할 수 있다. 그러므로 배출권거래제는 온실가스 배출 감소를 단순한 규제를 통해 조정하는 것이 아니라 선순환적 시장구조를 통해 해결하므로 온실가스 배출 감소뿐만 아니라 환경에 관련된 새로운 시장을 창출할 수 있게 한다. 기업에게는 온실가스 배출권 창출을 위하여 새로운 환경관련 혁신을 추구할 동기를 제공하고 있다. 즉 기업은 수동적으로 온실가스 감축 목표만을 맞추려 노력하지 않고 온실가스 배출권을 통해 이익을 창출할 수 있는 기술과 서비스 개발에 적극적인 노력을 하게 된다.

지구온난화와 환경 문제를 대상으로 하는 새로운 산업을 보통 녹색산입이라고 부르며, 다음 세대의 성장동력이 될 것으로 예측하고 있다. 녹색산업에는 온실가스 감축, 신재생 에너지, 그리고 에너지 효율화 분야가 포함된다. 녹색산업은 추후 기후변화협약의 이행과 소비자의 환경에 대한 인식 변화 등으로 급격히 확장될 것으로 예측되고 있다. 또한 녹색산업은 더욱 확대되어 환경에 대한 고려가 모든 산업 활동의 기본 가치로 적용될 것으로 예측된다. 이 책에서 다루는 지속가능성은 환경을 기본 가치로 포함하는 다음 세대의 개발 개념이다.

기후경제는 새로운 경쟁 환경에서 진행될 것이며, 환경기술과 경영을 통하여 기존의 기술적 경제적 기득권을 유지하려는 선진국과 방대한 자원과 활발한 산업화로 세계 경제의 새로운 패권을 노리는 신흥 개발도상국들 간의 보이지 않는 경쟁도 심화될 것으로 예측된다. 그러므로 정부와 기업은 기후변화에 관련된 세계적 변화를 예의 주시하고 관련 활동에 활발히 참여하여, 이 변화를 선진국에 진입하는 기회로 삼아야 할 것이다. 특히 새로운 환경에서 생존하고 번영하기 위하여 정부와 기업을 포함한 경제 주체들이 밀접한 협력이 필요할 것으로 예측된다.

7. 온난화 이외의 환경문제

기후변화와 이에 대한 인류의 대응 과정에서 우리는 보다 근원적인 변화를 고민하고 있다. 그것은 산업화 이후 인간 문명을 지탱하고 있는 자원의 일방적 채취와 소비가 더 이상 우리 인간의 번영과 문명을 지탱해 줄 수 없다는 자각에서 시작하였다. 그러므로 우리는 기후변화 외에도 화석연료로 지탱하는 기존 문명의 다양한 문제점을 해결할 수 있는 새로운 관점과 이를 기반으로 한 발전이 필요하게 되었다. 이 새로운 관점이 다음 장부터 이야기할 지속가능성에 기반을 둔 발전이다. 지속가능성의 설명에 앞서 현재의 화석연료 기반 개발에 따른 추가적인 문제점을 살펴보면 아래와 같다.

첫 번째로 인류 문명과 산업을 지탱할 에너지 부족을 들 수 있다. 알려진 데로 화석연료는 유한하며, 주요 자원은 오래지 않아 고갈될 것으로 예측되고 있다. 그러므로 기존의 화석연료 기반 문명과 산업은 곧 심각한 에너지 부족을 경험할 것이며, 결국은 동력을 잃고 해체될 것이다.

두 번째로 화석연료의 지역적 편재로 인한 확보경쟁, 수급불안, 그리고 가격급등 문제를 들 수 있다. 일반적으로 화석연료는 지역적으로 편재되어 있다. 그러므로 화석연료를 개발할 수 없는 국가는 외부로부터 확보해야 한다. 산업화가 활발히 일어나고 있는 개발도상국의 경우 필요한 원자재 확보를 위해 경쟁적으로 외국광산과 유정에 진출하고 있는 것이 예가 될 수 있다. 또한 중동지역에 군사적 대립은 이 지역에 편재된 원유확보와 밀접한 관계가 있다고 한다. 절대량이 제한되어 있고 지역적으로 편재되어 있는 화석연료는 생산지역이나 운송로에서 발생하는 다양한 자연적, 정치적 이유로 수급 불안과 이로 인한 가격급등 문제를 경험하게 된다. 중동지역의 전쟁으로 인한 석유 값 폭등과 이로 인한 각 국 산업의 영향은 좋은 예가 될 수 있다.

마지막으로 화석연료를 확보하기 위한 광산이나 유전은 일반적으로 자연환경을 파괴하게 된다. 또한 화석연료의 사용과정에서도 많은 자연파괴와 오염을 야기하게 된다. 그 결과로 생태계의 서식지와 먹이사슬에 영향을 주어, 지구상의 많은 생물이 사라지게 되었다. 이러한 종의 다양성을 해치는 문제는 생태계를 불안정하게 하며, 결국은 생태계의 일원인 인류에게도 되돌릴 수 없는 심각한 피해를 줄 수 있다.

화석연료 사용과 대량 소비 기반 산업화는 공기, 토양, 그리고 물 등에 환경오염을 야기하고 있다. 이는 자연으로부터 일방적으로 원료를 채취하여 사용 후, 부산물을 무분별하게 자연에 방치함으로써 생기는 부작용이다.

인류는 자연에서 채취한 원료를 합성하여 다양한 새로운 물질을 만들어내어 광범위하게 사용하고 있다. 이러한 새로운 물질은 인류에게 미치는 영향이 충분히 검토되지 못하고 사용되는 경우가 많이 있다. 그러므로 합성물질이 증가하면서 이로 인한 다양한 피해가 발생하고 있다. 예로 건축물의 실내에 합성화학물질의 사용이 증가함에 따라, 새로운 집에서 발생하는 화학기체의 부작용으로 주민들이 고통을 호소하는 경우가 많아졌다.

지구온난화, 자원부족, 그리고 환경오염의 문제는 화석연료와 자연에 대한 일방적 착취 기반의 현대 문명에 대한 반성을 가져왔다. 이제 지구온난화 문제를 계기로 환경보호를 주요가치로 추구하는 새로운 개발 방법이 인류에게 필요한 시기이다.

기획교양도서
환경·생태·웰빙

제2부

지속가능개발

제3장 인간, 환경, 경제를 위한 새로운 패러다임

제4장 지속가능성 참여 역활들

제3장

인간, 환경, 경제를 위한 패러다임

산업혁명 이후 지속되어 온 화석연료기반 대량생산 체제는 인류가 당면한 기후변화를 포함한 자원부족과 환경오염 위기를 해결하기에 역부족이다. 당면 문제를 해결하기 위하여 기존 자본주의와 사회주의 체제의 장점을 균형 있게

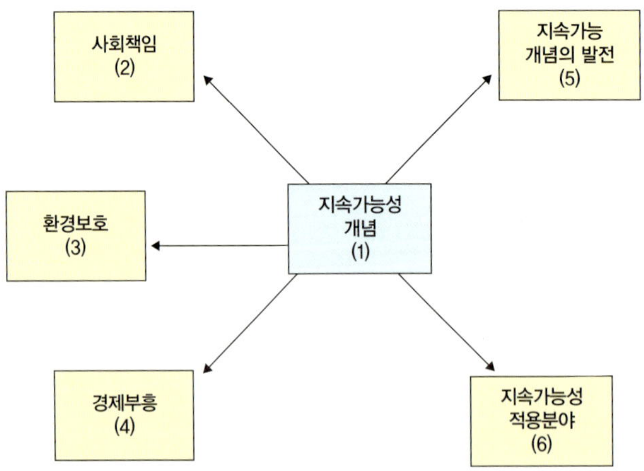

그림 3-1 기후변화를 비롯한 환경 및 자원 문제를 해결하기 위한 새로운 패러다임인 지속가능성의 개념을 주요 문헌자료를 통하여 알아본다(1). 지속가능성의 3가지 속성인 사회책임(2), 환경보호(3), 그리고 경제부흥(4)에 대하여 설명한다. 지속가능성은 산업화 이후에 발전되어온 다양한 환경보호 운동으로부터 시작되었다. 그 간략한 역사를 알아본다(5). 지속가능성은 인간 문명 전반에 영향을 미칠 수 있는 큰 주제이다. 지속가능성이 활발히 적용되고 있는 분야를 소개한다(6).

조화시키고 환경에 높은 가치를 부여한 새로운 패러다임인 지속가능성이 나타나고 있다. 이 장에서는 사회책임, 환경보호, 그리고 경제부흥을 주요 가치로 추구하는 지속가능성에 대하여 설명한다.

1. 지속가능성 개념

지속가능성 개념 설명에 가장 많이 인용되는 문장은 1987년 UN 세계환경개발위원회UN WCED에서 언급한 지속가능개발•Sustainable Development의 정의 이다.

• 이 책에서 지속가능개발은 지속가능성과 같은 의미로 사용된다. 지속가능성이 개발이나 발전을 전제로 한 개념이므로 지속가능개발 혹은 지속가능발전은 같은 의미로 사용될 수 있다.

> "지속가능개발이란 미래세대의 개발가능성을 희생하지 않으면서 현재 세대의 요구를 만족시키는 개발이다."
> "Sustainable development is development that meets the needs of the present without compromising the ability of future generations to meet their own needs."[WCED 1987]

이 정의는 지속가능성이란 보다 발전된 결과를 위하여 현재의 상태를 개선하되 그 활동이 앞으로의 개선 가능성을 없애지 않아야 한다고 밝히고 있다. 예로 화석연료를 동력원으로 하는 운송수단을 개발할 경우, 승객이나 화물의 편리한 이동을 통하여 인간의 욕구를 만족시킬 수 있다. 하지만 화석연료는 매장량이 유한하므로 일정기간이 지나면 고갈되어 미래 세대의 동력원으로 사용될 수 없다. 또한 화석연료의 연소 과정에서 대량의 이산화탄소가 발생하여 지구온난화를 일으키고, 다양한 유해가스를 배출하기도 한다. 이와 같은 자원의 고갈과 환경의 오염은 결국 다음 세대에 그 부담을 떠넘기게 된다. 그러므로 화석연료를 이용하는 운송수단의 개발은 지속가능성을 가치로 추구하는 활동이 될 수 없다. 반면에 태양열이나 풍력 등, 자연에 의하여 채워지고 고갈되지 않는 재생가능에너지를 사용한 운송방법의 개발은 다음 세대가 사용할 자원을 소모한다든지, 다음 세대가 생활해야 할 환경을 오염시키지 않는다. 그러므로 재생가능에너지를 이용한 운송수단의 개발은 지속가능성을 만족시키는 활동으로 볼 수 있다.

그림 3-2 전기자동차는 공해가 없고 재생가능에너지를 사용할 수 있어 차세대 운송수단으로 활발히 연구되고 있다. 전기자동차의 개발 역사는 오래되었으나, 그동안 값싼 화석연료와 개발위주의 산업구조로 실생활에 사용되지 못하고 있었다. 사진은 1973년 저공해 심포지엄에서 GM사의 도심용 전기자동차를 충전하는 모습을 보여주고 있다.(출처 Environment Protection Agency 2010)

위의 정의는 지속가능성의 의도를 잘 표현하고 있으나 구체적인 범위나 방향에 대한 언급이 없다. 그러므로 영국 산림위원회는 다음과 같은 4가지 목표를 추가하여 그 정의를 보다 구체화하고 있다.

- 모든 사람들의 요구를 고려하는 사회적 발전
  social progress which recognizes the needs of everyone
- 효과적인 환경보호
  effective protection of the environment

• 천연자원의 신중한 소비
prudent use of natural resources
• 안정되고 높은 수준의 경제발전과 고용 유지
maintenance of high and stable levels of economic growth and employment.
[영국산림위원회 2010]

위의 목표를 살펴보면 지속가능성은 사회책임(첫 번째 목표), 환경보호(두 번째, 세 번째 목표), 그리고 경제부흥(네 번째 목표)이라는 3가지 요소(이를 지속가능성을 지지하는 3개의 기둥이라고도 한다)로 이루어져 있음을 알 수 있다.

위의 산림위원회 문서에서는 지속가능성의 3가지 요소를 간단한 그림으로 표시하고 있다. 그림에 의하면 사회책임은 소외된 계층을 통합하는 사회적 포용Social Inclusion과 지역사회 번영을 대상으로 하고 있다. 환경보호는 자연환경 보호와 재생가능 자원사용을 목표로 하고 있으며, 경제부흥은 고용과 번영 그리고 부의 창조를 목표로 하고 있다.(아래 그림 참조)

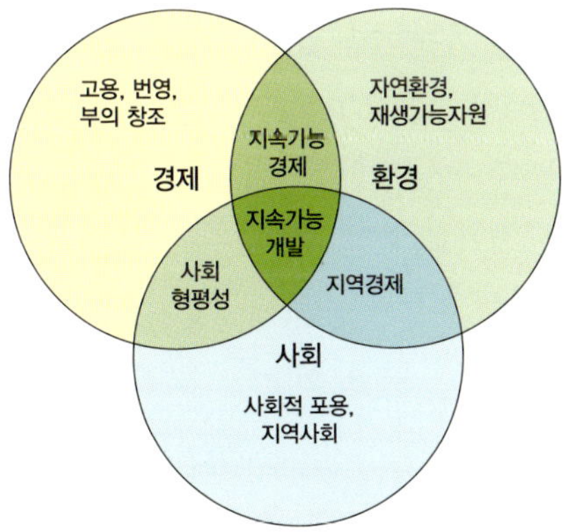

그림 3-3 지속가능개발의 3가지 요소와 파생된 활동[영국산림위원회 2010]

그림에 의하면 위의 3가지 요소들이 서로 합쳐지면서 새로운 활동을 정의하게 된다. 경제와 환경이 동시에 추구되면서 '지속가능경제' 활동이 정의되며, 경제와 사회 부분이 동시에 추구되면 '사회형평성'이 정의된다. 그리고 환경과 사회가 중복되면 '지역경제'가 정의된다. 결과적으로 사회, 환경, 그리고 경제가 중첩되면 '지속가능개발'이 정의되게 된다.

이와 같이 지속가능성의 3가지 요소에 사회책임, 환경보호, 그리고 경제부흥이 나타난 것은 현대 사회의 양대 이념인 자본주의와 사회주의, 그리고 새로이 각광받고 있는 환경주의의 가치들이 융합된 것으로 이해할 수 있다.

산업혁명이후에 나타난 자본주의는 개인의 이익을 극대화하기 위한 다양한 활동들이 시장에 의하여 조정되고, 이를 통하여 사회 전체의 부가 발전적으로 증가한다고 믿고 있다. 자본주의의 이익추구나 자유로운 경쟁시장 등은 현대 인류의 물질문명과 부를 증대시키는 데 큰 역할을 했다. 경제부흥은 지속가능성에서도 역시 관련 기업을 일으키고, 경쟁하고 사회를 발전시키는 필수적인 역할을 하게 된다.

하지만 자본주의의 폐해는 산업혁명 초기에 사회주의를 탄생시키게 된다. 극단적인 자본주의하의 산업화에 따른 빈부의 격차, 열악한 작업환경과 노동착취 등은 개인의 이익을 부정하고 모든 자원을 공유하는 극단적 사회주의인 공산주의를 낳게 된다. 하지만 모든 것을 공유하고 모든 인간의 평등을 주장하는 사회주의도 동기부여 실패와 관료주의로 인한 비효율 등으로 결국은 순수한 원래 체제를 유지하지 못하게 된다. 하지만 사회주의에서 목표로 삼았던 계층 간의 융합은 사회를 보다 풍요롭고 인간답게 유지할 수 있는 중요한 가치이며, 이는 지속가능성에서 소외된 계층을 포용하는 사회포용과 기업 활동에서 이익의 사회적 환원을 뜻하는 사회책임에 포함되어있다.

현재 대부분의 자본주의와 사회주의는 상대방의 장점을 빌려 기존의 단점을 보완하고 있다. 예로 중국은 사회주의 국가이지만 자본주의 시장 체계를 도입하여 높은 경제성장을 구가하고 있다. 구미 자본주의 국가도 복지와 공공시장을 위하여 일정 부분 시장의 경쟁을 제한하고 있다. 하지만 서로의 단점을 보완하는 자본주의와 사회주의의 융합도 현재 문제가 되는 환경과 자원

문제에 대해서는 비슷한 입장을 취하였다. 즉, 자연을 개발에 필요한 자원을 무한히 제공하고, 개발 결과로 발생하는 독성물질을 포함한 폐기물을 제한 없이 처리해주는 대상으로 보았다. 그러므로 두 체제에서는 개발과 생산 활동이 자연에서 제공한 자원을 사용하고, 그 폐기물을 다시 자연에 버리는 직선적인 형태를 띠고 있다.

산업혁명의 주요 축 중에 하나는 자본주의였고, 자본주의는 대규모 공장의 건설과 이를 통한 도시집중화를 가능하게 하였다. 알려진 바와 같이 공장과 도시는 주위의 물, 공기, 그리고 자연생태계의 오염 및 황폐화를 초래하였다. 또한 폐수 및 매연의 발생으로 환경오염을 일으키고, 자원의 대량소비로 자원 고갈 문제와 수많은 자원관련 분쟁을 초래하였다. 식량문제 또한 인구의 증가와 도시화로 인해 발생한 인류가 해결해야 할 큰 숙제이다. 그러므로 환경에 대한 충분한 고려를 못했던 산업혁명의 전파와 자본주의의 발전은 현재 대부분의 환경문제를 일으킨 장본인이다.

그림 3-4 대표적인 대도시인 일본 도쿄의 도심 모습을 보여주는 사진이다. 수많은 인파가 모여 사는 대도시는 끊임없이 확장되고 있으며, 확장과 유지에 필요한 방대한 자원을 사용하고 그 폐기물을 배출하고 있다.(출처 wikipedia.org 2010)

사회주의 또한 자연파괴에 일익을 담당하였다. 특히 20세기 냉전시대 군비경쟁이 치열해짐에 따라 사회주의 국가에서는 전시체제에 준하는 급속한 산업화가 이루어졌다. 또한 관료주의와 중앙계획체계에 따른 자원과 생산력의 낭비와 오용이 극에 다다랐으며, 환경을 고려하지 않은 대규모 개발 및 오염물질 누출이 일어났다. 농업분야에서도 획일적인 협동농장 체제와 농약 및 합성비료를 통한 토양의 황폐화와 오염이 광범위하게 일어났다.

그림 3-5 1986년 4월 26일 1시 23분 우크라이나(구소련)의 체르노빌 원자력발전소에서 발생한 폭발로 대량의 방사능이 유출되었다. 체르노빌 사고는 안전과 환경을 고려하지 않고 산업화에 최우선을 둔 사회주의 체제하에서 발생한 대표적 환경재난이었다. 사진은 석관에 의하여 봉인된 현재의 체르노빌 발전소 모습이다.(출처 wikipedia.org 2010)

이와 같이 인류문명의 두 축이었던 자본주의와 사회주의 체제는 자연을 착취 및 폐기물 처리 대상으로만 생각하고, 보호하고 관리할 대상으로는 보지 않았다. 하지만 점차로 자연이 제공할 수 있는 자원이 유한하며, 자연도 무한대로 인간의 폐기물을 받아들일 수 없다는 것을 깨닫게 된다. 자연은 생각보다 훨씬 민감하게 균형을 유지하고 있으며, 이 균형이 인간의 산업발전과 개발에 의하여 다시는 회복될 수 없을 정도로 훼손될 수 있다는 사실이 밝혀지고 있다.

그러므로 지속가능성은 자본주의와 사회주의의 장점을 융합시킨 토대 위에 환경주의를 포함시키게 된다. 환경주의는 자연환경의 보존과 개선에 관계된 사회활동과 사상체계를 뜻한다. 환경주의는 인간도 자연 생태계의 일부이며, 인간의 생존과 부흥을 위해서는 전체 생태계가 조화롭고 유기적으로 유지되어야 한다고 주장한다. 지금까지의 환경문제는 인류가 생태계의 유기적 연결을 고려하지 않고 이기적으로 자신외의 다른 것을 파괴해 왔기 때문에 생기는 문제로 인식하고 있다. 결국은 생태계가 파괴되면 생태계의 일원인 인류의 존재나 부흥도 불가능하다. 인류는 이제 기존의 자본주의와 사회주의의 단점을 서로 보완하고, 그동안 무시되었던 자연환경의 가치를 고려하는 새로운 이념이 필요하게 되었다. 그러므로 지속가능성은 이 세 가지 주요 이념의 융합을 배경으로 나타난 새로운 개념으로 이해할 수 있다.

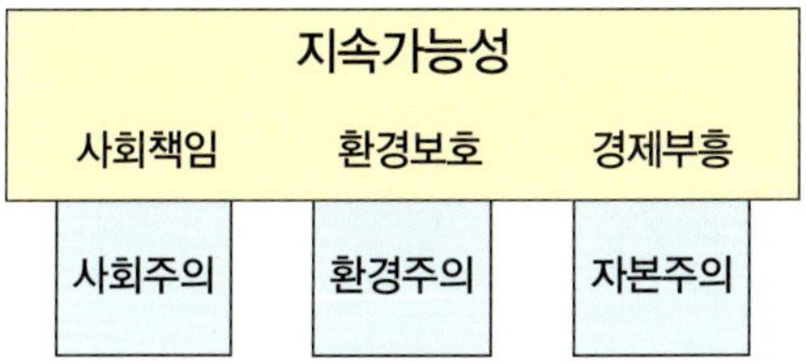

그림 3-6 근대사에서 인류에 중요한 역할을 했던 사회주의, 환경주의, 그리고 자본주의가 지속가능성의 사회책임, 환경보호, 그리고 경제부흥 가치로 계승되었다.

이와 같은 내용을 종합하여 이 책에서는 다음과 같은 지속가능성에 대한 정의를 사용한다.

> '지속가능성Sustainability은 사회정의를 실현하고, 자연환경을 보호하며, 경제적 번영을 추구하는 개발 방법으로써 개발의 결과가 미래의 발전가능성을 소멸시키지 않아야 한다.'

지속가능성의 3가지 요소 중에 환경보호에 이 책의 많은 부분을 할당되어 있다. 이는 지속가능성이 환경운동에서 시작되었고 이를 중심으로 발전해왔기 때문이다. 경제부흥은 이미 대부분의 인간 활동에 중요한 가치로 사용되므로 기존의 내용을 그대로 지속가능성에 적용할 수 있다. 사회책임은 환경보호에 비하여 아직 구체적이고 객관적인 접근이 어렵고 관련 경험이 깊지 않다. 하지만 점차 환경문제와 동시에 사회책임을 실현하려는 예를 많이 발견할 수 있다.

대부분 받아들이고 있는 지속가능성의 3가지 요소를 같은 영문 첫 글자를 가지는 3개의 단어를 사용해서 간단하게 표현할 수 있다. 예로 People(사회), Planet(환경), 그리고 Profit 혹은 Prosperity(경제)의 첫 글자를 사용하여 지속가능성의 3P로 표시하기도 하고 Equity(사회), Environment또는 Earth(환경), 그리고 Economy(경제)의 첫 글자를 사용하여 3E라고 표현하기도 한다. 아래 그림은 3P 개념을 이용하여 보다 직관적으로 지속가능성을 이해할 수 있도록 만든 지속가능성 아이콘 이다.

2. 사회책임

지속가능성의 첫 번째 요소인 사회책임 혹은 사회정의는 크게 '사회적 평등'과 '지역사회'로 구성되어 있다. 즉, 지속가능성은 소속된 모든 사회계층을 아우르는 사회적 포용을 가능하게 하여야 하며, 지역사회의 번영에 기여하여야 한다. 사회책임의 사회적 평등은 사회적 포용과도 일치한다. 즉 계층의 경제적 능력, 지위, 인종에 따라 소외받지 않고 모두 사회에 통합되어야 함을 뜻한다. 여기서 계층의 개념은 상대적이므로 국가 간이 될 수 있으며, 도시 내의 부유층과 빈곤층이 될 수도 있고 이 요소들이 모두 복합된 형태가 될 수도 있다.

사회책임은 지속가능성의 다른 가치인 환경보호나 경재부흥에 비하여 아직 많은 사람이 수긍하는 공통된 개념으로 수렴되지 못하고 있다. 그러므로 세계표준기구International Organization for Standardization: ISO에서는 사회책임에 대한 공통된 개념과 방향을 제시하기 위하여 ISO 26000 사회책임 지침Guidance on Social Responsibility을 정하였다.[ISO 2010] ISO 26000 사회책임 지침은 현재 나와 있는 사회책임에 대한 가장 보편적인 개념이므로 이 글에서는 사회책임에 대한 ISO 26000의 내용을 간단히 정리하겠다.

조직의 사회책임Social Responsibility이란 조직에 대한 사회의 요구사항을 뜻한다. 모든 조직에는 사회책임이 있지만, 그동안 기업에 대한 사회책임이 주요 주제로 다루어졌으며, 사회책임 투자Social Responsible Investment나 기업 사회책임Corporate Social Responsibility은 기업 활동과 사회책임관계를 보여주는 용어들이다. 조직에 대한 사회의 요구사항은 시대에 따라 점차 확대되는 경향을 보이고 있다. 예로 대표적인 조직인 기업의 사회책임 관점에서 과거에는 기업에 대하여 기부를 비롯한 박애주의 활동을 요구하였다. 근대에 와서는 노동관행과 공정한 경영을 요구하였으며, 최근에는 이러한 요구에 인권, 환경, 그리고 소비자 보호에 대한 사항이 추가되고 있다.

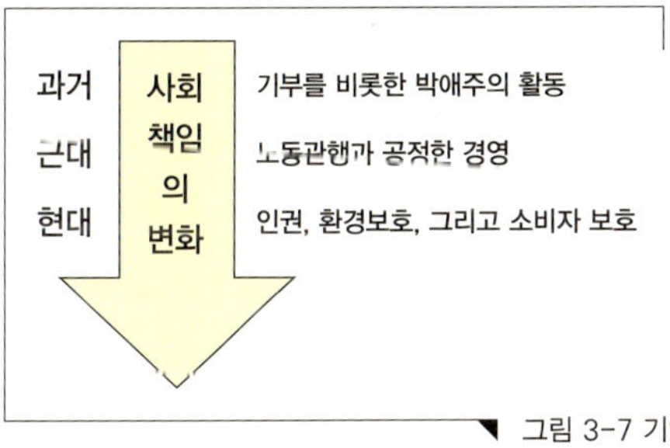

그림 3-7 기업에 대한 사회책임은 시대와 환경에 따라 변할 수 있다.

일반적으로 조직은 조직에 대한 사회의 요구인 사회책임을 인지하고 이를 만족시키도록 노력해야 한다. 하지만 사회책임은 각 조직과 사회가 처한 환경에 따라 다양한 형태를 보이고 있다. 그러므로 ISO 26000에서는 7 가지 핵심 주제와 7 가지 기본 원칙, 그리고 실행지침을 제공하여 조직이 사회책임을 구체적으로 실천할 수 있도록 안내하고 있다. 이중 7가지 핵심 주제는 다양한 사회책임의 주제 중에 광범위하게 공감되고 있고, 최소한 만족시켜야 할 요소들로 볼 수 있다. 7가지 핵심 주제를 살펴보면 다음과 같다.

조직의 지배 – 조직의 지배구조는 조직의 목표를 이루기 위한 의사결정과 실행 체계를 뜻한다. 조직의 재배구조는 조직의 환경에 따라 변하게 되므로, 의사결정과 실행 시 다음에 언급하는 '사회책임의 7 가지 원칙'을 지키고 '사회책임 실행 지침'에 따라 실시할 것을 권장하고 있다.

인권 – 인권이란 인간이라면 특정 조건에 관계없이 보편적으로 가지고 있는 권리를 뜻한다. 기본적으로 UN이 정한 인권선언Universal Declaration of Human Rights과 세계 인권선언문The International Bill of Human Rights을 기반으로 한다. 기업과 관련하여 국제노동기구ILO는 종업원의 인권보호를 위하여 집회와 결사의 자유 보장, 강제노동 금지, 아동노동의 금지, 그리고 고용과 직장에서의 차별금지를 명시하고 있다.

노동관행 – 노동관행은 조직에 의하여 제공되는 노동에 대한 정책과 실행에 관계된 모든 것을 포함하고 있다. 노동관행은 조직에 직접 고용된 종업원에게 적용될 뿐만 아니라, 다른 조직에 의하여 대신 고용된 종업원까지 포함하게 된다. 예로 제품의 생산을 전문생산업체에 위탁했을 경우 해당 생산업체 종업원의 노동관행도 제품을 위탁한 업체가 책임을 져야 한다. 기업과 관련된 노동관행은 작업환경, 사회보장, 작업자의 건강과 안전, 그리고 종업원 자기개발 지원 등이 포함된다.

환경 – 기업의 의사결정과 그 실행은 항시 환경에 영향을 미치게 된다. 그러므로 기업은 행위의 결과가 환경에 미치는 영향을 최소화하도록 노력해야 한다. 환경에 관련되어 공해방지, 자원의 효율적 사용, 기후변화에 대한 완화와 적응, 그리고 자연 환경보호가 기업의 사회적 책임에 속한다.

공정운영 관행 – 공정운영 관행이란 기업이 다른 조직과 연관을 가질 때

지켜야 할 도덕적 규범이다. 공정운영 관행에서는 반부패, 공정경쟁, 그리고 지적 재산권을 포함한 타인의 재산권 존중을 포함한다.

소비자 보호－기업은 자사의 제품과 서비스를 구매한 소비자에 대하여 다양한 책임을 가진다. 우선 제공하는 제품과 서비스에 대한 공정하고 투명한 마케팅, 정보제공, 그리고 계약 체결을 해야 한다. 기업은 설계고려, 정보제공, 그리고 고객 지원과 자발적 회수 제도를 이용하여 소비자가 자사의 제품과 서비스를 항시 안전하게 사용할 수 있도록 해야 한다. 아울러 고객 서비스 과정에서 확보한 고객의 정보는 보호되어야 하며, 제품이나 서비스를 사용하기 전에 알아야할 사항이 고객에게 충분히 공지되고 교육되어야 한다.

지역사회 발전－기업은 지역사회의 빈곤을 없애고 사회적으로 발전시켜야 한다. 기업은 지역사회 참여, 고용증진, 기술 개발, 부와 수입의 증가, 교육과 문화, 그리고 지역민 건강 증진을 위해서 노력해야 하며, 지역사회 발전을 위하여 책임 있는 투자를 해야 한다.

이들 핵심주제를 실천하기 위해서는 7개의 원칙에 의해서 접근해야 한다. 사회책임의 7가지 원칙은 다음과 같다.

- 법 준수
- 국제협약의 존중
- 다양성에 대한 존중
- 이해관계자와 그들 관심사 인정
- 책임
- 투명성
- 보편적 인권에 대한 존중

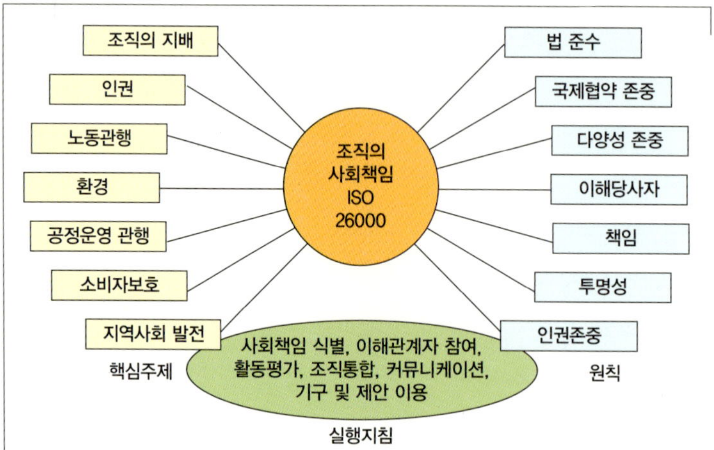

그림 3-8 ISO 26000 사회책임의 구조를 보여주고 있다. 각각 7개의 핵심주제와 원칙으로 이루어져 있고, 이를 지원하는 실행 지침으로 이루어져 있다.

3. 환경보호

지속가능성은 그동안 지속적으로 이루어진 환경보호 운동의 발전단계에서 구체화 되었다. 즉 지속가능성의 기원은 환경운동과 연결되어 있다. 그러므로 지속가능성은 기본적으로 지구온난화와 같은 환경문제를 해결하는 목적을 가지고 있다. 만일 환경문제를 해결하지 못하여 예측대로 지구온난화가 이루어진다면 경제적, 사회적 문제를 떠나서 인류의 존재가 위협받게 된다. 그러므로 지속가능성은 현재 인류와 다음 세대가 건강하고 안전한 삶을 유지하기 위한 환경보호에 큰 가치를 두고 있다. 현재 지구온난화는 제한된 시간 안에 해결해야 하고 전 세계적 공조가 필요한 문제이므로 주목을 받고 있지만, 주목을 받지 못하는 다양한 환경문제들이 많이 산재해 있다.

지속가능성은 환경보호와 더불어 지속적 발전을 위한 자원의 확보와 사용에도 목적을 두고 있다. 현재의 화석연료에 의존하는 에너지 체계는 한계를 가지고 있으며, 동시에 지구온난화와 같은 환경문제를 일으키고 있다. 그러므로 지속가능성은 현재의 유한하고 부작용이 있는 에너지 체제를 영구적이고 친환경적인 에너지원으로 전환하는 목적을 가지고 있다. 전환 과정에서 필요한 대체 에너지 개발과 효율성 향상 등의 문제도 역시 해결해야 할 과제이다.

4. 경제부흥

지속가능성은 건강한 환경에서 인간의 권리를 향유하는 풍족한 사회를 목표로 하고 있다. 이러한 사회를 만들기 위해서는 경제적 성공이 필요하다. 그러므로 지속가능성은 경제적 부흥을 주요 목표로 가지고 있다. 이 경제적 부흥은 기존의 산업화를 비롯한 대부분의 발전 단계의 목표이다. 그러므로 지속가능성은 그동안 고려하지 못했던 환경과 사회책임 문제를 동시에 해결하면서 인류의 경제적 부흥을 추구하는 새로운 개념으로 볼 수 있다.

일반적으로 환경보호와 사회적 책임은 경제적 이익과 상충하는 것으로 이해되고 있다. 예로 이익을 우선시하는 기업 입장에서 사회적 책임을 위해 사회시설에 기부를 하면 추가적인 비용이 들게 된다. 또한 환경보호를 위해 폐수정화시설을 설치하고 운영하면 추가적인 비용이 필요하다. 불황기에 사회시설 기부가 줄고, 비용을 줄이기 위해 밤에 몰래 정화하지 않은 폐수를 버리는 것은 바로 극단적인 이익 추구 때문이라고 할 수 있다.

지속가능성에서 궁극적으로 추구하는 사회책임과 환경보존은 견뎌야할 비용요소가 아닌 경제적 성공을 극대화하기 위한 촉매역할을 하게 된다. 사회책임의 예로 낮은 가격과 실용주의적 제품개발로 지금까지는 무시되어 왔던 빈곤층 시장이 매력적인 거대 시장으로 변할 수 있다는 피라미드 바닥의 부 Fortune at the Bottom of the Pyramid 이론을 들 수 있다.[조선일보 2010] 이 시장은 지금까지 대다수의 기업이 외면하던 1인당 년 평균 수입이 100만원 미만의 빈곤층으로 구성된 시장이다. 이러한 시장에서도 시장의 특성을 고려한 혁신적 제품개발로 충분한 수익을 얻을 수 있을 뿐만 아니라, 소비자에게 빈곤을 퇴치할 수 있는 기회도 제공할 수 있다. 이와 같이 기술이 궁극적으로 빈곤층을 위하여 기여해야 한다는 신념과 이의 성공은 지속가능성의 사회책임과 경제부흥이 같은 방향으로 나아갈 수 있는 예를 보여주고 있다.

환경보존을 추구하면서 경제적 성공을 거둘 수 있는 새로운 시장이 이미 성장하고 있다. 예로 환경보존과 관련된 주요 시장의 하나인 신재생 에너지 시장은 2007년 773억 달러에서 10년 뒤인 2017년에는 3배인 2549억 달러로 성장할 것으로 예측되고 있다. 이와 같이 환경보존 관련 녹색시장은 세계 각국에서 먼저 선점하여 새로운 성장동력으로 삼으려는 경쟁이 치열한 시장이다. 우리 정부에서도 국내총생산GDP의 2%를 녹색 성장에 투자할 예정이다. 아울러 기존의 시장에도 세계적으로 강화될 환경규제와 환경보호무역에 대응하기 위하여 환경관련 기술의 개발과 투자가 이루어져야 한다. 현재 환경관련 혁신을 이룬 제품을 통하여 시장을 선점하고 경제적 성공을 거두는 많은 예들이 발표되고 있다.

5. 지속가능 개념의 발전과정

앞에서 언급하였듯이 지속가능성의 뿌리는 국제적으로 진행되어 온 환경운동에 기반을 두고 있다. 그러므로 지속가능성 역사는 환경운동에서 시작되었다고 볼 수 있다.

환경보호에 대한 관심은 산업혁명의 반작용으로부터 시작되었다. 현대 인류문명의 근간인 대량생산 개념을 실현시킨 산업혁명은 자연을 일방적인 정복과 착취의 대상으로 보았다. 산업혁명에 의한 근대 산업화는 자연의 자원을 일방적으로 채취하여 제품을 만들고 생성되는 부산물이나 폐기물을 다시 자연에 버리는 형태로 발전하였다. 산업화는 효율적인 생산만을 추구했기 때문에 생산과정에서 자연이 받는 영향이나 회복 가능성은 고려하지 않았다.

예로 자동차 산업의 경우, 광산에서 채굴한 철광석으로부터 만들어진 원료와 화석연료를 이용하여 만들어진 전기를 사용하여 제품을 생산하게 된다. 철광석을 가공하는 과정에서 발생하는 자연파괴나 전기를 생산할 때 발생하는 이산화탄소, 그리고 공정상에 발생하는 폐기물은 자연이 순화시키도록 그대로 방출하거나 땅에 묻어 처리하였다. 이러한 산업생산 체계는 자원의 순환이나 생태계 영향을 고려하지 않고 자연에서 자원을 채취하여 제품을 생산하고 부산물이나 폐기물을 다시 자연에 버리는 직선적인 시스템을 이용하고 있다.

이 체계는 생태계의 연결과 균형을 파괴할 수 있는 유해 물질들을 생성하였고, 자원을 일방적으로 소모하여, 결국은 자원을 고갈시키는 문제를 가지고 있었다. 이러한 근대 산업혁명의 문제점을 해결하기 위하여 환경보호 활동이 시작되었으며, 이는 다음과 같은 3 단계의 발전과정으로 나누어 볼 수 있다.

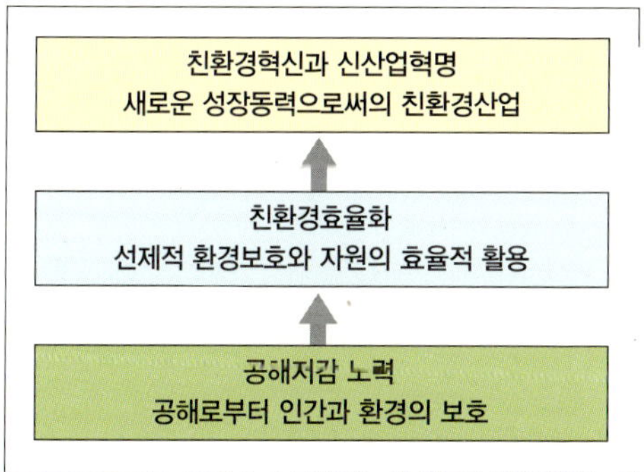

그림 3-9 지속가능성 개념의 발전단계는 공해저감 노력, 친환경 효율화, 그리고 친환경 혁신과 신산업 혁명 단계로 발전하고 있다.

첫 번째 단계: 공해저감 노력 - 공해로부터 인간과 환경의 보호

산업화 과정에서 인간에 의하여 만들어진 일부 화학물질은 생태계를 파괴할 뿐만 아니라, 생태계의 일부인 인간의 건강과 생존도 위협하게 되었다. 그러므로 초기 환경운동은 생태계를 파괴할 수 있는 화학물질의 배출과 영향을 감소시키는 활동에서부터 시작되었다. 최초의 과학적이고 객관적인 환경보호 활동은 1962년 '침묵의 봄'이라는 저술을 통하여 독성 화학물질로 인한 생명체 멸종 문제를 제기함으로써 시작되었다. 이 책을 통하여 문제가 되었던 살충제인 DDT의 사용이 규제되었다. 이와 같이 최초의 환경운동은 대량생산 체제에서 발생하는 공해로부터 자연과 인간을 보호하기 위한 운동으로부터 시작되었다.

이 단계에서 공해물질을 배출하는 주체인 기업은 생산시스템 자체의 개선 없이, 최종 부산물로 생성되는 공해물질을 무해하게 처리하는 것에만 관심을 가지고 있었다. 즉 기업들은 기존 제조 과정을 개선하는 것이 아니라, 환경규제를 피하기 위하여 문제가 되는 최종 결과물 처리 과정만을 추가하였다. 그러므로 기업 입장에서 공해저감 활동에 대한 투자는 기업 활동에 대한 부담으로 인식하게 되었다. 이러한 인식은 지금도 남아있어 환경을 비롯한 지속가능성에 대한 투자는 기업 경쟁력을 떨어뜨리는 요소로 보는 시각이 일반적이다.

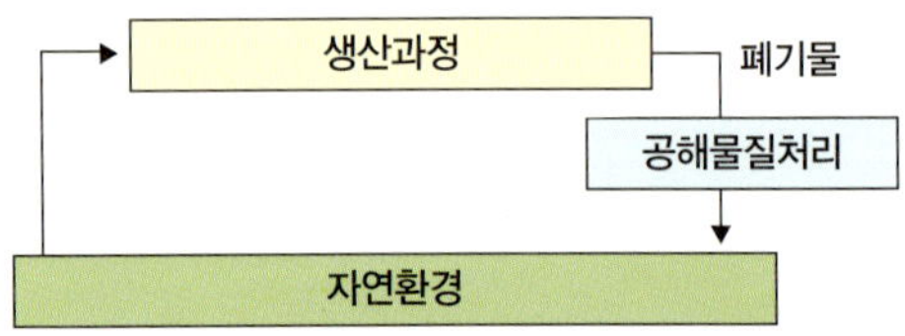

그림 3-10 공해저감 노력 단계에서는 생산과정에서 나오는 폐기물의 환경영향을 감소시키기 위하여 별도의 공해물질처리 과정을 추가하게 된다. 이 과정은 생산과정과 독립적으로 진행되므로 생산과정의 효율화와는 관계없고, 별도의 비용과 노력이 필요하게 된다.

환경 분야에 대한 국가 간 협조도 공해물질의 감소 및 처리에 기여를 하게 된다. 1989년 스위스 바젤에서는 유해물질의 국가 간 이동 및 처리에 관한 협정을 채결하게 된다. 이는 공해를 일으키는 유해물질을 관련 규제가 느슨한 제 3국으로 수출하여 적절히 처리되지 못하고 환경에 피해를 주는 것을 방지하게 된다. 현재에도 계속하여 다양한 물질들이 새로 개발되고 있고 기존에 밝혀지지 않았던 피해가 밝혀지고 있다. 그러므로 이에 대응하여 공해를 유발하는 신 물질에 대한 다양한 규제가 계속 만들어지고 있다.

일방적이고 직선적인 자원소비에 대한 경고도 산업혁명 초기부터 나타나고 있다. 대표적인 경우가 인구론을 통해 과대한 인구증가로 인한 자원의 고갈을 경고한 맬더스의 주장이다.[Malthus 1798] 산업화로 인한 문명의 발전은 인구의 증가 및 도시 집중을 가져왔으며, 이를 지탱하기 위한 생산의 증가는 더욱 많은 자원을 요구하게 되었다. 특히 대규모 산업과 도시를 지탱하기 위해서 석탄, 석유 등 대규모 화석연료에 의존하게 되었고, 이들 화석연료는 자연적으로 만들어지는 시간에 비하여 아주 짧은 시간에 소비되므로 자원 고갈을 향한 일방적 소비만이 일어나게 되었다. 이러한 인구와 소비의 증가는 공해문제를 더욱 극대화시키고 이를 순화시키는 생태계의 자정능력이 한계에 다다르게 하였다.

1972년에는 로마클럽에서 "The Limits of Growth" 라는 보고서를 작성하게 된다. 이 보고서에서는 각국에서 모인 관련분야 전문가들이 인구와 자원문제에 대한 과학적 분석을 통하여 인구증가와 자원소비로 인한 산업발전의 한계를 보고하고 있다.[Meadows 1972] 이러한 과학적 접근 방법은 추후 IPCC에서 기후변화 문제를 전 세계적 공동 관심사로 이끌어내는 데 성공적으로 사용하게 된다.

두 번째 단계: 친환경 효율화 - 선제적 환경보호와 자원의 효율적 사용

공해와 자원고갈 문제는 단순한 환경 보호론자들의 사회운동에서 기업, 정부, 그리고 국제기구가 참여하는 보다 큰 규모의 환경보호 활동으로 발전되게 된다. 특히 이 단계에서는 기업이 수동적인 공해저감 활동에서 벗어나 기업경영의 일부로 환경보호 활동을 도입하려는 움직임이 일어난다. 이와 같이 환경과 자원문제가 더욱 부각되었고 참여하는 역할들이 늘어났지만, 산업혁명에서부터 내려온 기존의 선형적 생산 체계를 그대로 유지하므로 공해와 자원고갈에 대한 근원적 문제를 해결하지 못하는 한계를 가지고 있었다.

공해와 자원고갈 문제가 더욱 확산되자 기업은 단순히 최종 결과인 공해물질 처리에서 발전하여 개발과정에서 환경오염을 발생시킬 수 있는 부분을 확인하고, 미리 방지하는 과정을 도입하게 된다. 기업체에서도 환경문제에 대한 투자가 일방적 부담이 아니라 기업 활동을 보다 효과적으로 하는 수단이라는 시각이 생기게 된다. 그러므로 기업 경영활동에 환경보호 개념을 도입하여 자원 및 비용절약을 추구하게 된다. 이러한 인식의 변화는 기업이 환경보호가 경영 활동에 부담이라는 개념을 벗어나 적극적으로 환경보호 활동에 참여하도록 한다.

이와 관련된 대표적인 활동이 국제표준기구International Standard Organization: ISO의 환경경영시스템 표준이다. ISO 14000으로 이름 붙여진 이 표준의 목적은 기업이나 조직이 환경에 부정적 영향을 최소화하는 경영을 위한 표준 지침을 제시 하는 것이다. ISO 14000 표준은 환경경영을 위하여 필요한 요구사항과 도입을 위한 지침을 비롯한 다양한 경영도구와 문서화 표준을 제공하고 있다. 환경경영시스템 표준을 도입하였을 경우, 조직 내부적으로 경영자들은 조직의 환경에 영향을 주는 업무를 관리할 수 있고, 종업원들은 환경에 책임을 가지는 조직에서 근무하는 것을 확인할 수 있다. 외부적으로 고객, 주주, 그리고 지역사회에게 기업이 환경에 책임을 지는 경영을 하고 있음을 확신시킬 수 있으며, 각종 환경규제에 효과적으로 대응할 수 있다. 이와 같이 ISO 14000 표준은 상시적 기업 경영에 환경영향을 최소화하는 활동을 포함시킨 대표적 예를 보여주고 있다.

동시에 자원사용의 효율을 높이는 활동이 시작되었다. 대표적인 활동이 1992년 지속가능개발을 위한 사업위원회에서 제안된 친환경효율화Eco-efficiency 개념이다. 이 개념은 환경에 나쁜 영향을 주지 않기 위하여 가능하면 적은 자원을 사용하여 많이 생산하자는 운동이다. 친환경효율화는 개발 시 환경오염을 예측하고 방지하는데 역점을 둔 방법론이다. 이 활동의 결과로 자원의 효율적 사용을 위한 유명한 표어인 Reuse, Recycle, 그리고 Reduce(재사용, 재생, 절약)가 등장하게 된다. 하지만 친환경효율화는 자원 활용의 효율성만 강조하고 보다 근원적인 일방적 자원 소비체제에 대한 개선을 하지 못한 한계를 가지고 있다. 즉, 아무리 절약을 해도 일방적인 자원 소비는 결국은 자원 고갈이라는 결론에 도달하게 된다. 결국 파국에 도달하는 시간을 조금 늦추는 효과만을 가지게 된다.

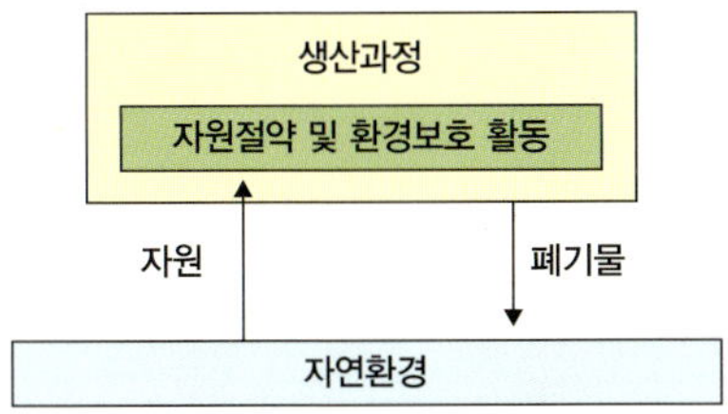

그림 3-11 친환경 효율화단계에서는 생산과정 자체에 자원절약 및 환경보호 활동이 포함되게 된다. 이 활동은 자연으로부터 최소한의 자원을 채취하고 자연에 최소한의 부담을 주려는 목적을 가지고 있다.

이 단계에 지구온난화 문제를 기점으로 국제적 환경관련 활동이 시작되고 협약이 체결되게 된다. 국제적 활동에 참여하는 각국 정부는 친환경 정책과 산업 활동의 중요성을 깨닫게 되어 다양한 정책과 환경 계획을 실행하게 된다.

그림 3-12 친환경 효율화 단계에서 만들어진 유명한 표어인 Reduce, Reuse, Recycle은 아이들 책은 물론 노래로까지 만들어져서 자원절약과 환경보호의 필요성을 널리 알렸다.(출처 http://creativeteaching.com 2010)

친환경 혁신과 신산업혁명 - 새로운 성장동력으로써의 친환경산업

지속적으로 제기되어 온 여러 환경 문제와 기후변화의 영향으로 현재의 선형적인 생산 체계를 유지한 채 단순히 효율성만 높여서는 근원적 문제를 해결할 수 없다는 것을 깨닫게 된다. 효율성의 추구는 단순히 환경과 자원문제가 극적인 상황에 다다르는 시간을 벌수 있을 뿐, 인류생존 문제 자체를 해결할 수 없다는 사실이 공감을 얻게 된다. 그러므로 산업혁명 이후 지금까지 내려온 선형적인 생산체계에 대응하여, 공해와 자원고갈 문제에 대한 보다 근원적인 변화를 꾀하게 된다.

이러한 반성을 바탕으로 제안된 방법은 지금까지의 선형적 개발을 순환적 개발 개념으로 변경하는 것이다. 자원순환이란 단순히 자원을 채취해서 사용하고 폐기하는 선형적 개발활동 대신 폐기물을 다시 자원으로 사용하여 닫힌 순환 고리를 만드는 개념이다close the loop. 이 자원순환 개념은 자연 생태계에서 먹이사슬 등에서 일어나는 현상을 인간의 개발활동에 적용시키고자 하는 시도이다. 이 자원순환은 생태계의 물질 순환과정을 이용하여 폐기물을 다시 자원으로 사용하는 경우와 인간이 만든 순환개념을 이용하여 폐기물을 재활용하는 경우로 나눌 수 있다. 또한 개발과정에서 필요한 에너지 또한 자연에서 순환되고 무한히 제공되는 태양, 바람, 그리고 지열 등 재생가능에너지를 사용하게 된다.

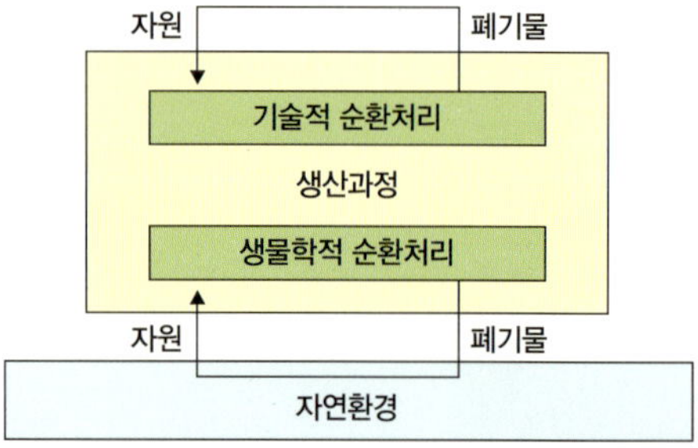

그림 3-13 순환적 개발 개념은 생산과정에서 자연을 이용하여 폐기물을 자원으로 순환시킬 수 있는 생물학적 순환처리와 자연적으로 순환할 수 없는 재료를 재활용하는 기술적 순환처리를 분리하여 제품에 사용된 모든 재료를 완벽하게 순환하여 재활용하는 것을 목표로 한다. 이 과정에서 필요한 에너지도 재생가능에너지를 사용하여, 개념적으로 아무리 사용하여도 다시 생성되는 자원과 에너지를 사용할 수 있게 된다.

순환적 개발은 제품소유 개념을 변경시키는 서비스 제품Service Product 혹은 친환경 대여Eco-Leasing를 통하여 그 효과를 배가할 수 있다. 친환경 대여는 제품의 소유권을 고객에게 파는 것이 아니라 제품의 서비스만 판매하고 그 소유권은 기업이 가지는 것이다. 이 제도를 통하여 소유권을 가지고 있는 기업은 이익을 극대화하기 위하여 사용이 끝난 제품을 회수하여 적극적으로 재활용하게 되어, 자원순환 개념을 효과적이고 실질적으로 구현할 수 있다. 이와 같이 폐쇄된 순환을 구현하는 접근방법은 이 책의 7장 '닫힌 순환구조'에서 자세히 다루게 된다.

위에서 언급한 다양한 기술, 서비스, 그리고 정책들은 산업혁명 이후 유지되어 왔던 직선적 자원소비 체계를 바꾸어 순환적인 자원 및 에너지 사용에 기반을 둔 새로운 산업혁명을 가능하게하고 있다. 그러므로 인간, 자연, 그리고 경제적 부흥을 추구하는 새로운 발전방향을 기존의 산업혁명과 차별화하여 신산업혁명Industrial Re-evolution으로 부르고 있다.

이 단계에서 기업들은 환경문제를 단순히 해결해야 할 문제로 보지 않고 기업의 새로운 성장동력으로써 다루게 된다. 기업은 환경에 관련된 새로운 사업영역을 개척할 뿐만 아니라 기존의 영역에서 환경 혁신을 통한 시상에서의 점유율 향상을 위하여 노력하게 된다. 또한 각 국은 자국의 산업발전을 위하여 환경 분야를 차세대 성상동력으로 삼고 국가 연구개발의 핵심 분야로 선택하고 있다. 이와 같은 기업과 정부의 환경에 기반을 둔 혁신과 정책 활동은 진환경혁신Eco-innovation으로 분류할 수 있으며, 이 책의 8장 '지속가능 혁신'에서 자세히 다루게 된다.

이 단계에서 지구온난화 문제는 순수한 과학적 현상에 대한 이해 및 해결활동에서 벗어나 각국의 경제적 이해에 큰 영향을 미치는 문제로 발전하였다. 그러므로 각 국은 서로의 이해에 따라 정치적 세력을 만들어 보다 유리한 상황을 만들어가려고 한다. 즉, 환경문제가 순수한 과학적 영역에서 발전하여 점차로 정치 경제적 영역으로 이동한다고 볼 수 있다.

발전단계	공해저감	친환경효율화	친환경 혁신 신산업혁명
개념	공해로부터 인간 및 환경보호	선제적 환경보호와 자원의 효율적 활용	새로운 성장동력으로써 친환경 산업
생산체계	단순 공해저감 처리 추가	생산과정에 자원절약 환경보호 활동 포함	자원의 폐쇄된 순환을 통한 재활용
규제정책	공해 확산 방지를 위한 국제적 규제	기후변화 방지를 위한 국제적 협약	기후 정치 및 신성장 동력 확보 노력

표 3-1 지속가능성의 발전 단계를 개념, 생산, 그리고 정책 요소로 나누어 정리한 표이다.

6. 지속가능성 적용분야

지속가능성은 개발 및 생산에 관련된 거의 모든 부분에 적용될 수 있다. 지속가능성 적용분야는 지속가능성의 가치인 사회책임, 환경보호, 그리고 경제부흥을 추구하는 공통점을 가지고 있다. 다음은 지속가능성이 적용되고 있는 다양한 분야에 대한 설명이다.

지속가능 정책 – 정책이란 정부 또는 정치단체가 취하는 방향을 가리키며, 지속가능성 활동 중에 정부의 정책은 매우 중요한 역할을 하고 있다. 정부는 기후협약을 비롯한 지속가능성 관련 국제협약에 참여하고, 이에 대응하기 위하여 법, 제도, 그리고 재원조달 계획을 수립하고 실행하게 된다. 또한 정책을 통하여 지속가능성을 새로운 성장동력으로 삼기 위한 연구개발과 산업화 계획도 실현하게 된다.

지속가능 경영 – 지속가능 경영은 기업경영의 기본 목표인 경제부흥 외에 사회책임과 환경보호를 종합적으로 고려하는 경영형태를 뜻한다. 기존 기업경영은 단순히 이익을 많이 창출하여 기업의 가치를 높이는데 주력하고, 사회적 책임이나 환경보호 등은 기업의 부가적 활동으로 치부하였다. 하지만 지속가능 시대의 소비자는 단순히 기업의 제품과 서비스의 질과 가격만을 고려하여 기업의 가치를 결정하지 않는다. 기업의 사회적, 환경적 책임이 경제적 성과와 더불어 기업의 가치를 결정하는 3가지 주요 축을 이루고 있다. 그러므로 지속가능경영은 지속가능성의 3가지 요소를 균형 있게 추구하는 경영활동이다. 부가적으로 지속가능경영은 단기 성과보다는 중장기적 성과를 중시하고, 기업의 지속가능 활동에 대한 정보를 적극적으로 공개하여, 주주, 소비자, 그리고 지역사회의 경영참여를 실현하는 특징이 있다.

지속가능 생산 – 지속가능 가치를 추구하는 생산 활동을 지속가능 생산이라고 한다. 지속가능 생산은 단순히 지속가능성을 만족시키는 제품을 생산하는 것이 목표가 아니라 생산과정, 공급사슬망, 그리고 제품의 사용 후 재활용을 포함한 확대된 제품수명주기 동안 지속가능성의 가치를 실현하는 것이 목표이다.

지속가능 디자인 – 지속가능 디자인은 환경, 경제, 그리고 문화적인 상태를 함양하여 지속적으로 인간의 행복과 건강을 유지할 수 있게 하는 디자인 이론과 실행을 뜻한다. 기존의 디자인이 기능과 경제성, 그리고 미를 추구했다면 지속가능디자인은 환경과 평등, 약자보호 등에 보다 중점을 둔 접근 방법이다.

지속가능 도시개발 – 도시개발이란 도시의 건전한 발전과 질서 있는 정비를 위해 토지 이용 방법, 도로, 공원 등 도시 시설의 정비, 그리고 시가지 개발에 대한 계획을 정하여 실행하는 것을 뜻한다. 지속가능 도시개발은 자연환경을 도시에 끌어들임으로써 시민의 생활을 보다 건강하고 풍요롭게 하고, 도시 내 다양한 계층의 융합을 유도하고, 도시에서 발생하는 폐기물 등으로 인한 환경의 피해를 최소화하는 개발계획과 실행활동을 뜻한다.

지속가능 건축 – 건축은 인류 생활이 주로 이루어지는 공간이며, 많은 에너지와 자원을 소비하는 부분이다. 건축물은 세계 목재사용량의 1/4, 세계 자원 및 에너지 사용량의 2/5, 물 사용량의 1/6을 사용하고 있으며, 온실가스 전체 배출량의 20-40%를 차지하고 있다. 지속가능건축은 건축에 사용되는 에너지를 절약하고 자원의 재활용을 꾀할 뿐만 아니라, 안전하고 쾌적한 실내공기, 자연광의 사용, 그리고 적절한 조명 등 주민들의 육체적 정신적 건강을 고려하게 된다. 나아가서 다양한 계층의 주민들이 자연스럽게 함께 이용할 수 있는 건축물은 사회적 화합에도 일정 역할을 할 수 있다.

지속가능 농업 – 지속가능 농업이란 토양을 비옥하게하고, 물과 공기의 오염을 막으며, 최소한의 에너지를 사용하여 인간에 무해한 농산물을 생산하여 지역사회의 번영에 이바지하는 농업을 뜻한다. 지속가능 농업은 대량의 농약과 합성비료, 그리고 약품처리에 의존하는 기업형 농업과 반대되는 개념으로 사용되기도 한다.

지속가능 조경 – 지속가능 조경이란 기존의 인위적 지형이나 외래 품종의 꽃, 나무의 사용을 자제하고, 기존 자연환경과 생태적으로 어울리는 지형과 기존의 토종 식물을 이용하여 지역 자연환경과 연계된 아름다운 야외환경을 추구한다. 지속가능 조경은 인간에게 단순한 아름다움과 편리함만을 주는 것이 아니라, 지역의 생태계를 복원하고 인간을 포함한 생태계 구성원들이 상호 균형을 이루고 건강하게 살아갈 수 있는 공간을 마련한다.

지속가능 토지관리 – 기존의 토지 관리는 건축물과 도로 등을 만들기 위한 개발 위주의 활동이 중심이 되었다. 반면에 지속가능 토지관리는 환경보호를 위한 토지관리 활동을 뜻한다. 지속가능 토지관리 활동의 좋은 예로 토지의 사막화를 막기 위한 식목과 사방사업을 들 수 있다.

지속가능 관광 – 지속가능 관광은 그린 투어리즘, 에코 투어리즘, 혹은 생태관광 등으로 불리며, 잘 보전된 자연환경을 관광의 대상으로 하는 관광 형태를 뜻한다. 지속가능 관광은 관광 과정 중에 생태계 영향을 최소화하며, 자연의 가치와 아름다움에 대한 이해를 높이기 위해 노력한다.

지속가능 소비 – 지속가능성 가치에 따라 물건을 구매하고 소비하는 행위를 뜻한다. 소비자의 제품 선택에 따라 기업의 생산에 영향을 미치며, 사용과정에서 자원의 최종 소비가 일어나므로 지속가능 활동 중에 매우 중요한 역할을 맡고 있다. 특히 소비의 마지막 단계인 제품 폐기단계에서 소비자의 적극적인 재활용 활동 참여가 요구되고 있다.

지속가능 역사 혹은 환경 역사학 – 지속가능성이 영향을 미치는 분야 중에 역사분야도 있다. 지금까지 역사에서 자연환경의 변화는 큰 자연재해 등이 아니면 주요 요소로 대접받지 못하였다. 하지만 지속가능성이 대두되면서 인간에 의한 자연환경 변화가 인류문명에 어떤 영향을 주었는지에 대한 새로운 역사적 관점과 가설들이 나타나고 있다. 이는 산업혁명 이전에 이미 인간이 경험한 자연환경과 문명의 흥망관계를 찾아내, 현재 상황에 주요 참고자료로 사용하려는 시도로 볼 수 있다. 예로 그리스 문명의 흥망과 자연자원 개발과의 관계를 새로 조명하는 역사 관점 등이 포함될 수 있다.

제4장

지속가능성 참여 역할들

국제기구, 정부, 기업, 그리고 환경단체 등 다양한 역할들이 서로 상호 작용하면서 지속가능성을 발전시키고 있다. 복잡한 지속가능성을 좀 더 쉽게 이해하

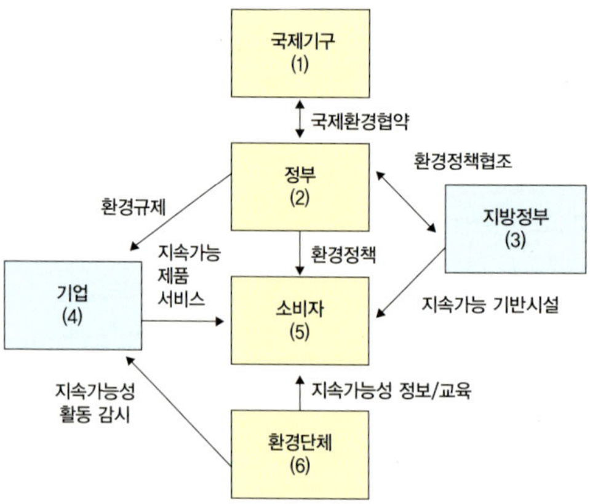

그림 4-1 지속가능성 참여 역할 중 국제기구는 각국 정부가 참여하는 환경협약을 통하여 인류 공영에 위협이 되는 환경문제를 제기하고 이를 해결하기 위한 활동을 한다(1). 각 국 정부는 국제기구가 운영하는 협약을 통하여 자국의 역할을 약속하고 이를 이행하게 된다(2). 이 과정에서 정부는 기업과 소비자에게 적절한 환경정책과 규제를 적용하게 된다. 지방자치정부는 중앙정부와 협력하여 각 지역 특성에 맞는 환경정책과 지속가능 기반시설을 제공하게 된다(3). 기업은 소비자에게 지속가능 제품과 서비스를 제공하고(4), 소비자는 기업이 제공하는 제품과 서비스를 선택하고, 정부가 제공하는 환경정책에 참여하게 된다(5). 다양한 민간 환경단체는 기업의 환경 관련 활동을 감시하고, 소비자에게 지속가능성 관련 정보와 교육을 제공한다(6).

기 위해서는 각 참여 역할 입장에서 지속가능성을 살펴보는 것도 좋은 방법이다. 이 장에서는 지속가능성에 참여하고 있는 다양한 역할들에 대하여 알아본다.

1. 국제기구

환경관련 국제기구들은 환경문제에 대한 국가 간 서로 다른 입장과 이해를 조정하고, 전 지구적 합의를 도출하기 위하여 활동하고 있다. 환경과 자원문제는 국경으로 구분된 몇몇 국가의 참여로만 해결될 수 있는 문제가 아닌 전 세계가 참여해야할 전 지구적 문제이다. 예로 몇몇 국가에서만 온실가스 배출을 획기적으로 줄인다고 해서 해당 국가의 지표와 해양 온도만 낮아지기를 바랄 수는 없다. 환경과 자원문제는 지구상의 전체 국가들의 조직적인 공동 대응이 필요하다. 이와 같이 국가 간 공동 노력을 통해서만 전 세계 기후변화에 대응할 수 있다

국제기구는 환경과 자원 협약에 참여하는 국가 간 이해를 조정하는 역할을 한다. 환경과 자원 협약에 참여하는 국가들은 자국의 산업과 가계에 경제적 부담을 주게 되어, 협약에 참여하지 않은 국가보다 산업 경쟁력이 낮아질 수 있다. 이로 인해 국가 간 이해관계가 생기고 알력이 발생한다. 기후협약에서 개발도상국의 참여와 선진국의 기술 이전과 자금 지원 등이 큰 주목을 받는 것도 국가 간 이해관계가 대립되기 때문이다. 국제기구는 다양한 국가 간 이해관계를 조절하여 전 지구적인 환경과 자원문제를 해결해 나가게 된다.

국제기구의 환경 및 자원문제 해결을 위한 활동은 아래와 같이 정리할 수 있다.

국제기구의 환경 및 자원문제 해결을 위한 활동:

- 전 지구적 환경문제에 대한 문제 제기 및 해결 활동

- 환경문제 해결을 위한 국가 간 조정과 관련 협약 작성 및 체결
- 환경협약의 이행 감시

현재 지속가능성에 관련하여 주도적 역할을 하고 있는 대표적 국제기구는 유엔 산하의 환경계획UNEP과 기후변화협약UNFCCC이 있다. 1972년 설립된 유엔환경계획은 다양한 회의와 선언을 통하여 환경관련 합의와 협약을 이끌어 왔다. 유엔환경계획은 1988년 IPCC 창설, 1989년 바젤협약, 1992년 유엔환경개발회의Earth Summit, 그리고 2002년 세계지속가능개발회의World Summit on Sustainable Development 등 지속가능성에 대한 전환점을 제공한 대표적인 행사들을 통하여 전 세계적 이해와 활동을 이끌어냈다.

유엔기후변화협약에는 기후변화 대응하기 위하여 전 세계 192개국이 참여하고 있으며, 매년 열리는 당사국회의를 통하여 기후변화에 대한 현황을 점검하고 감축을 이행하고 있다. 이 협약에서 진행하고 있는 대표적인 이행 활동이 교토협약Kyoto Protocol이다. 교토협약은 1997년 체결되었으며, 2008년부터 2012년 사이에 1990년 온실가스 방출량의 5%를 감축하도록 강제하고 있다.

이와 같이 유엔기후협약은 협약참여국의 온실가스 배출량 결정하고, 이에 수반하는 여러 시행규칙을 결정하게 된다. 예로 온실가스 배출량이 배당된 양을 초과할 경우 온실가스배출권을 살 수 있는 온실가스배출권 거래제나, 기업이 온실가스를 감축할 수 있는 설비나 기술투자 등을 통해 감축한 실적만큼의 온실가스 배출권을 승인하는 청정개발 제도 등을 제공하게 된다.

지속가능성과 관련해서 이외에도 다양한 국제기구들이 활동하고 있다. 예로 경제와 무역증진을 위한 정부 간 국제기구인 경제협력개발기구OECD는 환경과 자원문제를 해결하고 경제발전을 지속적으로 이루기 위한 다양한 연구와 조사 활동을 하고 있다.

2. 정부

정부는 국내외적으로 다양한 지속가능성 관련 역할을 수행하고 있다. 지속가능성과 관련된 정부의 역할은 다음과 같이 나누어 볼 수 있다.

지속가능성에 대한 정부의 역할:

- 국제 환경협약에 대응
- 국가 환경 및 자원관련 정책 실행
- 환경관련 신성장동력 계획 및 확충

국제 환경협약에 대응

국제기구에서 주도하는 국제협약의 당사자는 각 국의 정부이다. 그러므로 정부는 국제 환경협약에 적극적으로 대응해야 한다. 환경협약의 결과는 장기적으로 국가 산업 및 이익에 많은 영향을 미칠 수 있다. 그러므로 정부는 각 협약 체결에 많은 준비와 협상이 필요하며, 국민을 이해시키거나 합의를 이루는 과정도 필요하다. 기후변화협약의 경우 각국에 온실가스 배출량을 할당하게 되며, 우리나라는 2020년 예상 온실가스 양 대비 30% 감축하는 목표를 제시하고 있다. 이 감축량은 개도국 입장에서 매우 높은 수준에 속한다. 정부는 이와 같은 감축목표량을 결정하는 과정에서 국내 여러 분야의 이익을 조정하고 국가의 전략적 방향을 고려하게 된다. 우리나라의 높은 감축량의 경우 에너지 소모가 많은 산업에 부담을 줄 수 있다. 하지만 정부는 앞으로 다가올 친환경 시장과 무역장벽 등을 고려하여 서로 다른 이익을 조정하여 환경협약에 임하고 있다. 환경협약을 마친 정부는 협약내용을 이행할 의무를 지게 된다. 이행을 위하여 필요한 재원과 법령을 마련하고 정책을 실행하게 된다.

국가 환경 및 자원관련 정책 실행

정부는 국제 환경협약 대응 목적 외에도 국가발전과 환경보호를 위하여 다양한 환경 및 자원 관련 정책을 실행하게 된다. 우리정부의 기후변화를 포함한 환경 및 자원관련 기본 정책 방향은 '저탄소사회'와 '녹색성장'으로 표현되고 있다. 저탄소란 온실가스 배출을 감소시키는 정책을 뜻하며, 녹색성장이란 친환경 시장을 공략하여 신성장동력으로 삼으려는 정책을 뜻한다.

정부는 지속가능성 관련 전문적 지식 확보와 정책개발을 위하여 다양한 위원회를 설치할 수 있다. 우리 정부도 국가지속가능성 계획 및 실천방안을 마련하기 위하여 국가지속가능발전위원회(http://www.pcsd.go.kr)를 설치하여 운영하고 있다. 정부의 역할 중에 지속가능개발을 위한 법 제정도 중요한 요소에 들게 된다. 우리정부도 '저탄소 녹색성장기본법' 도입을 통하여 기본적인 환경 및 자원관련 정책 체계를 마련하고 있다. 예로 저탄소 녹색성장기본법에는 기업들의 온실가스 배출량 배분과 온실가스 감축 의무를 명시하고 있다.

여러 가지 정책을 실행하기 위해서 재원이 필요하며, 정부는 필요한 재원을 세금을 통해서 조달하게 된다. 특히 온실가스 감축 및 기후변화 대책 재원마련을 위하여 조달되는 세금을 환경세 혹은 탄소세로 부른다. 정부는 환경관련 주요 정책수단으로 환경규제를 제정하여 사용할 수 있다. 환경규제를 이용한 국내 규제는 수입품에 대한 규제에도 적용될 수 있으므로 국제 환경규제와도 관련되어 있다. 최근 정부는 온실가스배출권 거래시장의 도입을 활발히 추진하고 있다. 온실가스배출권 거래시장은 온실가스배출권 거래제를 기반으로 한다. 이 방식은 직접 규제방식이 아닌 시장원리를 도입한 보다 효과적인 온실가스감축 규제 방식으로 볼 수 있다. 환경관련 규제는 매우 광범위하여 국민들의 소비에 관련된 환경규제도 포함하고 있다. 소비자 정책은 탄소라벨제도와 같이 소비자에게 환경관련 제품정보를 쉽게 전달하여, 현명한 소비생활을 유도하는 활동도 포함하고 있다.

환경관련 신성장동력 계획 및 확충

지속가능성에 대한 정부의 마지막 역할은 환경관련 신성장동력을 계획하고 확충하는 것이다. 이는 친환경기술을 통한 새로운 경제 성장동력을 확충하고 국가의 경쟁력을 기르는 역할이다. 우리 정부의 정책 방향 중 '녹색성장'에 해당하는 정책들이 여기에 포함된다. 정부는 친환경 신성장동력 확충 계획을 경제 불황과 실업을 해결하기 위한 경제 활성화 수단으로 사용하기도 한다. 이 활성화 정책은 1930년대 미국 대공황기를 이겨낸 뉴딜 정책과 비교하여 그린 뉴딜 정책으로 표현하기도 한다.

그림 4-2 재생가능에너지를 생산하는 풍력발전기의 제조가 새로운 친환경 산업으로 각광받고 있다. 특히 우리나라의 발전된 조선업은 풍력발전제조업 진출에 유리한 것으로 알려져 있어, 조선업을 이을 새로운 성장동력으로 주목받고 있다.(출저 http://wikipidia.org 2010)

현재 세계 각국은 친환경 기술을 통한 신성장동력 확충에 온 힘을 다하고 있다. 미국의 'Progress Growth'는 저탄소 경제로의 이행 및 혁신 과학 기술을 통해 신성장동력을 확충하는 과제로써 10년간 1,500억 달러를 투자하여 500만 명의 일자리 창출을 목표로 하고 있다. 유럽연합은 'Lead Market Initiative for Europe'과제를 통하여 조기 세계적 경쟁력 확보가 가능한 기술분야를 선정하여 중점 지원하고 있다. 일본은 경제성장 전략의 핵심으로 저탄소사회 비전을 제시하고 상위 국가 목표로 '환경. 에너지 어젠다'를 설정하여 관련된 기술과 산업 개발을 준비하고 있다. 이와 같이 각 정부가 친환경 기술 개발에 온 힘을 다하고 있는 이유는 친환경 기술 개발과 제품 생산이 치열한 무역환경 속에서 시장을 선도하기 위한 가장 효과적인 방법이기 때문이다. 아울러 세계 각국이 환경 관련 규제를 강화하여 자국 산업을 보호하고 있으므로, 이를 효과적으로 회피하기 위한 방법으로써도 친환경 기술개발과 제품생산이 중요해지고 있다.

3. 지방정부

1992년 유엔환경개발회의에서 지속가능성을 실천하기 위한 행동지침을 포함하는 '의제21Agenda 21'을 채택하였다. 의제21에서는 지속가능성 실현에 지방정부의 역할을 매우 중요시하여 지방정부별로 각 지역 환경에 적합한 '지역의제21'을 마련하여 실천하도록 촉구하고 있다. 이와 같이 지속가능성을 성공적으로 실현하기 위해서는 지방정부의 역할이 매우 중요한다.

우선 지방정부는 중앙정부와의 협조로 지역에 적합한 친환경 정책을 실행하게 된다. 예로 우리 지방정부는 중앙정부와 협조 하에 탄소포인트제(http://cpoint.or.kr)를 실행하고 있다. 탄소포인트제는 국민 개개인이 절약하는 전기, 수도, 그리고 도시가스 절약에 대한 인센티브를 제공하는 제도로, 중앙정부가 총괄하고 지방정부가 지역에 맞는 프로그램을 실행하는 행태로 되어 있다. 이를 통해 각 지역에 적합한 친환경 제도를 실행할 수 있다.

지방정부는 지속가능성을 위한 기반시설을 구축하고 운영하는 주체이다. 지속가능성 실현을 위해서는 개인의 활동도 중요하지만 지역사회 기반 활동을 통하여 그 효과를 극대화 시킬 수 있다. 이들 지역사회 활동을 위한 기반시설을 지방정부가 지원해야 한다. 대표적 기반 시설로 지역기반 중앙집중식 보일러, 지역기반 소규모 발전설비, 그리고 지역 전력 그리드 등을 들 수 있다.

또한 기존 공공교통수단의 합리화나 자전거 등의 친환경 교통수단 기반시설을 통하여 우리 생활에 지속가능성을 효과적으로 구현할 수 있다.

최근의 지방정부는 탄소제로도시 혹은 탄소중립도시 등 지금까지 존재하지 않았던 지속가능 지역사회 구축을 시도하고 있다. 이들 시험적 지속가능 도시들은 지속가능성을 위한 다양한 정치, 경제, 사회, 그리고 기술적 시도의 장을 제공하고, 추후 지속가능성의 전반적인 확대를 위한 시험대 구실을 하게 될 것이다. 앞으로 지속가능성의 구체적 구현과 이로 인한 자연환경과 문명의 변화는 지역사회를 기반으로 진행될 것이다. 그러므로 지방정부의 지속가능성에 대한 계획과 시행이 지속가능성 성공을 위한 필수 요소로 떠오르고 있다.

그림 4-3 그림은 탄소제로도시를 목표로 개발 중인 아랍에미리트의 마스다르시의 상상도이다. 마스다르 시는 세계 최초로 온실가스를 전혀 배출하지 않는 도시로써, 필요한 에너지를 태양열과 풍력 등 재생가능에너지만을 사용하고 충당하고, 쓰레기도 완전 재활용하는 것을 목표로 하고 있다. 운송수단에서 나오는 온실가스를 방지하기 위하여 시내에서 화석연료 자동차 운행이 금지된다.(출처 http://masdar.ae 2010)

4. 기업

기업은 제품과 서비스를 생산하는 주체로써 산업혁명 이후 환경오염과 자원소비의 주요 원인을 제공 해왔다. 우리가 최종적으로 사용하는 제품은 기업이 생산에 사용하는 자원의 1% 정도를 사용하는 것으로 알려져 있다. 즉, 제품을 만드는 과정에 최종 제품에 사용된 자원의 약 99배가 소요된다는 의미이다. 이와 같이 기업이 사용하는 자원에 비하여 최종 소비자가 느끼는 자원소비는 문자 그대로 빙산의 일각에 불과하다. 그러므로 기업은 지속가능성에 참여한 역할 중 환경과 자원 문제를 실질적으로 해결할 수 있는 중요한 주체이다.

기업의 지속가능성에 대한 역할을 다음과 같이 정리할 수 있다.

지속가능성에 대한 기업의 역할:

- 지속가능제품 및 서비스 개발 및 판매
- 기업 활동 전반에 걸친 적극적인 환경보호
- 사회책임 활동 강화
- 이해관계자와의 의사소통

기업의 지속가능성에 대한 첫 번째 역할은 소비자에게 지속가능제품과 서비스를 제공하는 것이다. 지속가능제품과 서비스●는 지속가능성의 사회책임, 환경보호, 그리고 경제부흥 가치를 추구하는 제품과 서비스를 뜻한다. 지속가능성에 관련된 제품과 서비스의 개발에는 다음 3가지 측면을 고려할 수 있다.

●이 책의 6장 '축구공과 요구르트'에서는 지속가능제품의 분류와 예를 제공한다.

우선 기존 제품과 서비스를 개선하여 지속가능성을 높이는 방법이다. 기존 제품이나 서비스에 사용되는 재료를 친환경 재료로 바꾸거나, 에너지 효율을 높이는 변경을 통하여 지속가능성 측면에서 보다 개선된 제품을 제공하는 것이다. 다음으로 지속가능성 가치를 추구하는 새로운 시장을 공략하는 제품과 서비스를 선보이는 것이다. 지속가능성 가치를 추구하는 새로운 시장의 예로 녹색산업을 들 수 있다. 녹색산업은 최근에 문제가 되는 기후변화와 자원고갈에 대응하기 위한 시장으로써, 온실가스감축, 재생가능에너지, 에너지효율화, 그리고 공해저감 산업들로 구성되어 있다. 마지막으로 아직 구축되지 않았지만 앞으로 다가올 지속가능 사회에서 필요한 혁신적인 기반 기술과 서비스를 준비하는 것이 필요하다.

그림 4-4 삼성전자에서 만든 휴대폰 SCH-W510은 옥수수를 이용한 bio plastic을 이용하였고, 제품 전수명주기동안 온실가스 발생과 유해물질 사용을 최소화한 친환경 제품이다.(출처 http://sec.co.kr 2010) 이 제품은 기존 제품을 개선하여 지속가능성을 높인 예를 보여주고 있다.

기업의 두 번째 역할은 기업 활동 전반에 걸친 적극적인 환경보호 활동이다. 현재 기업의 환경보호 활동은 공급사슬망•과 제품수명주기••를 통해 확장되고 있다. 기업의 제품과 서비스에 대한 지속가능성 구현은 해당 기업의 노력뿐만 아니라 관련된 다른 생산자와 기업들의 도움을 받아야 한다. 공급사슬망을 통하여 여러 협력업체들과 유해물질, 탄소배출이력, 자원절약, 그리고 재활용에 대한 광범위한 협동 작업을 시행해야한다.

• 공급사슬망(Supply Chain)이란 기업의 제품을 만들 때 필요한 부품이나 재료를 공급하는 기업들의 연결 체계를 뜻한다.

•• 제품수명주기(Product Lifecycle)란 제품의 재료채취부터 폐기 혹은 새활용까지의 모든 단계를 뜻한다.

기업의 환경보호활동은 원자재의 채취부터 사용된 제품의 재활용을 포함하는 확대된 제품수명주기를 모두 지원해야 한다. 기업은 환경에 부담을 적게 주는 방식으로 채취된 원자재를 사용하도록 노력해야 하고, 재활용을 위해 고객이 사용이 끝난 제품을 기업에 쉽게 되돌려줄 수 있는 체계를 마련해야 한다. 기업은 공급사슬망과 제품수명주기를 통해 확장된 범위 외에 기업의 일상적인 활동에서도 온실가스 감축과 환경보호를 고려한 상시적인 체계를 마련해야 한다.

기업의 세 번째 역할은 사회책임 활동을 강화하는 것이다. 기존의 사회책임 활동이 기업의 부가적 활동이었다면, 이제는 기업의 사업 모델이나 기본 경영활동에 포함될 필요가 있다. 사회책임을 기업 기본활동에 추가하기 위해서는 기업의 사회 활동이 기업의 장기적 이익에 도움을 주어야 한다. 이는 기존의 사회책임 활동이 일방적 기부 혹은 자선활동으로 이해되었던 점과는 차이가 있다.

마지막으로 기업은 이해관계자들과 기업 지속가능성 활동에 관한 의사소통을 확대해야 한다. 기존의 기업 활동은 경제적 이익을 기준으로 평가받았다. 이제 기업이 투자를 받기 위해서는 지속가능성에 속하는 사회책임, 환경보호, 그리고 경제적 성공 부분에서 모두 평가를 받아야 한다. 그러므로 기업은 지속가능성의 3가지 가치에 대한 성과 정보를 주주, 소비자, 그리고 종업원 등의 이해당사자에게 지속적으로 제공해야 한다. 대표적인 지속가능성 정보 제공의 예로 현재 많은 기업들이 일반에 공개하고 있는 '지속가능 보고서'를 들 수 있다. 지속가능 보고서는 지속가능성의 3가지 가치인 사회책임, 환경보호, 그리고 경제부흥에 대한 기업의 실적을 보여주는 일련의 지표들을 포함하고 있다.

5. 환경단체

환경과 자원보호를 위한 활동은 환경단체에서 시작되어 국제기구와 정부로 그 영향을 넓혀갔다. 이러한 전통은 지속가능성에서도 남아있어, 민간 환경단체의 영향력이 매우 광범위하게 미치고 있다. 민간 환경단체의 지속가능성관련 역할을 다음과 같이 정리할 수 있다.

지속가능성에 대한 환경단체의 역할:

- 지속가능성에 대한 홍보 및 교육
- 기업과 정부의 지속가능 활동에 대한 감시
- 지속가능제품 및 서비스에 대한 정보제공

• 지속가능성에 대한 인증제공

환경단체의 첫 번째 역할은 지속가능성에 대한 올바른 지식을 전달하고 여러 사람이 동참할 수 있도록 홍보하는 역할이다. 지속가능성에 대한 독립되고 중립적인 과학적 지식 전달을 목적으로 하는 Union of Concerned Scientists를 그 예로 들 수 있다. Union of Concerned Scientists는 1969년 미국 MIT의 교수와 학생을 중심으로 시작된 환경단체로써, 환경문제에 대한 독립적이고 객관적인 과학적 사실과 분석 정보를 제공하는 것을 목표로 하고 있다. 현재 기후변화를 비롯한 자원과 환경문제는 과학적 사실에 기반을 두고 있으며, 합리적인 의사결정을 위해서는 이들이 제공하는 가치중립적이고 과학적인 분석 자료가 필수적이다. 이 단체는 25만 명의 전 세계 과학자와 시민으로 구성된 큰 규모의 단체로 성장했으며, 지속가능성 문제 해결에 기초가 되는 다양한 과학적 사실과 분석 자료를 제공하고 있다.[Union of Concerned Scientists 2010]

그림 4-5 2005년 포경활동에 반대하는 Greenpeace 회원이 고무보트를 이용하여 포경활동을 방해하는 모습을 보여주고 있다. 이러한 행위를 통해서 포경활동의 부당성을 세상에 알리는 효과도 있다.(출처 http://greenpeace.org 2010)

환경단체의 또 다른 역할은 기업과 정부의 지속가능 활동에 대한 감시 기능이다. Greenpeace는 환경관련 감시 단체 중 가장 유명하다. 1971년 알라스카 지역 지하핵실험에 항의하기 위한 항해를 시작한 이후, 기업과 정부에 의해 진행되는 수많은 환경파괴 행위를 외부 세계에 알려왔다. 전 세계 40여 개국 회원을 가진 Greenpeace는 지속가능한 미래 지구를 위하여 환경파괴 행위를 평화적인 방법을 통하여 외부에 알리는 것을 목표로 하고 있다.[Greenpeace 2010]

환경단체는 기업이나 기업이 제공하는 제품과 서비스에 대한 지속가능성 정보를 소비자에게 전달하는 역할을 하기도 한다. 환경단체는 특정 국가나 이익 집단에 소속되지 않으므로 객관적으로 지속가능성을 평가하고 홍보할 수 있다. 예로 Climate Counts는 기업들에게 책임 있는 경영을 촉구하고, 소비자들에게는 의식 있는 소비를 진작시킬 목적으로, 전 세계 선진기업들의 기후변화 대응 상황을 점수화하여 공개하는 http://climatecounts.org라는 웹사이트를 운영하고 있다.[Climate Counts 2010] 이를 통해 소비자들은 어떤 기업(상표)이 기후변화에 효과적으로 대응하고 있는지를 평가할 수 있다.

그림 4-6 http://climatecounts.org에서 삼성전자 평가점수는 56점으로 전자회사 중 6번째 높은 점수를 받고 있다. 1위인 HP는 76점을 받고 있다. 평가지표로 제품에 대한 탄소배출이력을 검사하고 있는지, 기후온난화에 대응하기 위하여 온실가스를 감축하고 있는지, 그리고 온실가스 감축 활동을 투명하게 공개하는지 등이 평가된다.(출처 http://climatecounts.org 2010)

환경단체의 역할은 지속가능성에 대한 인증을 제공하는 것도 포함한다. 인증은 규제와 다르게 강제성이 없지만 소비자가 신뢰하는 독립적인 단체에서 제공할 경우, 인증된 제품이 친환경 시장에서 높은 경쟁력을 가질 수 있다. Global Reporting Initiative(GRI)는 현재 세계적으로 가장 많이 쓰이고 있는 지속가능 보고서 작성 체계이다. GRI 보고서 지침에 따라 작성된 지속가능 보고서는 투자 심사를 비롯한 다양한 평가활동에 사용될 수 있다. 이 보고서 지침은 1997년 미국 보스톤 지역 중심의 환경과 투자 관련 단체인 CERES(http://ceres.org)에 의하여 시작되었으며, 현재는 Global Reporting Initiative(http://globalreporting.org)라는 단체로 독립되어 활동하고 있다.

6. 개인(가계)

개인은 제품과 서비스 소비의 주체와 정부권력의 근원으로써 지속가능성 성공에 큰 역할을 하게 된다.

지속가능성에 대한 개인과 가계의 역할:

- 지속가능성에 대한 인식 변화
- 지속가능제품 및 서비스 소비
- 정부와 지방정부 정책 참여
- 일상생활에서 지속가능성 유지

개인이 가장 먼저 해야 할 지속가능성에 관련된 활동은 지속가능성에 대한 인식을 변화시키는 것이다. 지속가능성이 부담이 되는 의무가 아니고, 보다 풍부하고 인간적인 삶을 위한 큰 방향임을 깨달아야 한다. 또한 지구온난화와 자원고갈을 포함한 환경 문제가 빠른 시간 내에 적절한 대응을 요구하는 문제임을 깨달아, 개인이 할 수 있는 활동을 실행에 옮겨야 한다. 지속가능성의 가치를 주위의 가족과 친지에게 전하고 동참하도록 권유하는 적극적 노력도 필요하다.

개인 소비에서 지속가능제품이나 서비스의 선택은 지속가능제품 시장을 형성하고, 시장의 요구를 만족시키려는 기업의 활동 방향을 바꿀 수 있다. 그러므로 시장에서 지속가능제품을 선택하는 것은 해당 제품을 소비하는 의미 외에 지속가능 사회 구현을 보다 앞당기는 역할을 하게 된다.

개인은 정부나 지방정부 권력의 근원이다. 그러므로 우리는 대표자를 선출할 수도 있고, 투표를 통해 중요한 사안에 대하여 의견을 직접 관철시킬 수도 있다. 그러므로 개인은 지속가능성 가치 실현을 중시하는 정당이나 대표를 선출할 수 있고, 정부의 정책에 대하여 지속가능 가치를 추구하도록 압력을 가할 수도 있다. 또한 친환경이고 사회책임을 중시하는 여론을 형성하는 다양한 정치적 사회적 활동에 참여할 수 있다.

개인 자체도 생활에서 자원을 소비하고 환경에 부담을 주고 있다. 2006년 기준 한국의 비산업 분야 온실가스 배출량은 전체 배출량의 45%나 차지하고 있으므로, 개인 활동의 환경에 대한 영향은 매우 높다. 그러므로 개인과 가계 생활을 지속가능성 가치에 맞추어 바꿀 필요가 있다. 환경부에서는 그린스타트(http://greenstart.kr)라는 지속가능 생활 실천 운동을 벌이고 있다. 그린스타트에서 요구하는 녹색생활이란 일상생활 속에서 자원과 에너지를 현명하고 친환경적으로 이용하여 온실가스 배출량을 줄이고, 저탄소 녹색사회를 구현하고자 하는 생활습관을 뜻한다.[환경부 2010] 이 운동은 환경과 생활에 관련된 다양한 지식들을 제공하고 개인과 가계가 일상에서 녹색생활을 실천할 수 있는 방법도 제공한다.

기획교양도서
환경·생태·웰빙

제3부

지속가능생산

제5장 기업의 새로운 책임

제6장 축구공과 요구르트

제7장 닫힌 순환구조

제8장 지속가능 혁신

제5장

기업의 새로운 책임

이 장에서는 2편에서 설명한 지속가능성을 제품이나 서비스 생산에 적용한 지속가능생산•에 대하여 알아본다. 제품과 서비스의 생산은 인류생존을 유지하는 기반을 제공하며, 국가적으로는 국부의 원천이다. 그러므로 지속가능생산은 대표적 지속가능성 응용분야 중 하나이다. 이 장에서는 지속가능성이라는 새로운 패러다임을 맞이하여 생산의 주체인 기업이 어떻게 변해야 하는지 관점에서 이야기를 진행하도록 하겠다.

• 지속가능생산의 원어인 Sustainable Manufacturing은 지속가능제조로도 번역될 수 있다. 제조란 일반적으로 공장에서 물리적 물건을 대량으로 만드는 의미를 가지고 있다. 반면 생산(Production)은 제조를 포함하는 보다 일반적인 활동들을 포함하는 의미를 가지고 있다. 그러므로 이 책에서는 지속가능제조라는 용어보다는 보다 일반적인 지속가능생산이라는 용어를 사용한다.

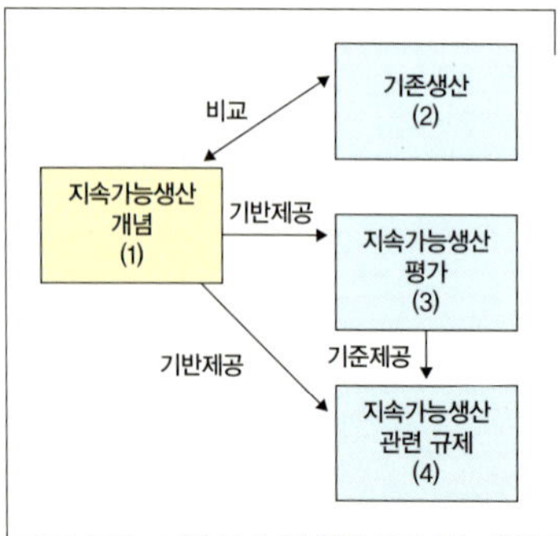

그림 5-1 이 장은 지속가능생산 개념을 소개하면서 시작한다(1). 기존의 생산과 지속가능생산을 비교함으로써 보다 쉽게 지속가능생산을 이해할 수 있다(2). 지속가능생산은 현재 구체화되고 있는 개념이므로 이를 평가하고 비교할 수 있는 객관적인 기준과 방법이 필요하다(3). 전 세계적으로 지속가능생산에 관련된 다양한 환경규제가 마련되고 있다. 지속가능생산에 관련된 환경규제는 가까운 미래에 기업의 제품개발과 생산에 큰 영향을 미칠 것으로 예상된다(4).

1. 지속가능생산이란

생산이란 기업 활동을 통하여 자원으로부터 소비자 요구를 만족시키는 제품과 서비스를 만드는 과정이다. OECD 보고서[OECD 2010]에 따르면 인류의 생산 활동으로 인한 온실가스 배출량은 전체 온실가스 배출의 36%를 차지한다고 한다. 또한 이 수치에 포함되지 않은 관련 자원채취 활동을 포함한다면, 생산의 기후온난화와 환경보호에 미치는 영향은 매우 방대하다.

지속가능생산Sustainable Manufacturing은 기존 생산 분야에 지속가능성 가치를 적용한 개념으로 볼 수 있다. 그러므로 미국 NACFAMNational Council for Advanced Manufacturing은 이 책의 3장에서 언급한 유엔환경계획UNEP의 지속가능개발 정의를 이용하여 지속가능생산을 설명하고 있다.

> "지속가능생산은 미래세대의 개발가능성을 희생하지 않으면서 현재 세대의 요구를 만족시켜야한다."
> Sustainable manufacturing "meets the needs of the present without compromising the ability of future generations to meet their own needs." [NACFAM 2010]

이 정의는 지속가능생산이 지속가능성의 기본 목표를 만족시켜야 함을 알려주고 있다. 현재 미국 정부의 지속가능생산을 주도하고 있는 미국 상무부는 다음과 같이 보다 구체적인 지속가능생산의 정의를 내리고 있다.

> "지속가능생산이란 환경에 피해를 최소화하며 에너지와 자연자원을 절약하고, 종업원, 지역사회, 그리고 고객에게 안전하고 경제적인 과정을 통하여 제품을 생산하는 것을 뜻한다."
> "The sustainable manufacturing is the creation of manufactured products that use processes that minimize negative

environmental impacts, conserve energy and natural resources, are safe for employees, communities, and consumers and are economically sound." [US DOC 2010]

OECD의 지속가능생산과 친환경혁신 보고서에서는 다음의 Lowell 지속가능생산 센터의 정의를 지속가능생산의 정의로 사용하고 있다.

"공해가 없고, 에너지와 자연 자원을 보존하고, 경제적으로 실현가능하며, 종업원, 지역사회, 소비자를 안전하고 건강하게하며, 모든 관련자에게 사회적이고 창의적으로 대가를 제공하는 방식과 시스템을 통하여 재화와 서비스를 생성하는 활동"
"the creation of goods and services using processes and systems that are: non-polluting, conserving of energy and natural resources, economically viable, safe and healthful for workers, communities, and consumers, and socially and creatively rewarding for all working people"

두 지속가능생산의 정의를 살펴보면, 지속가능생산은 지속가능성의 사회책임, 환경보호, 그리고 경제부흥 가치를 추구하는 것을 알 수 있다. 사회책임은 종업원, 지역사회, 그리고 고객에게 안전한 과정을 통하여 제품을 생산하는 것에 표현되어 있다. 환경보호는 환경피해 최소화, 에너지와 자연자원의 절약에 표현되어 있다. 경제부흥은 경제적인 과정에 대한 구절에 표현되어 있다.

이 정의를 보면 지속가능생산의 관심대상이 최종 제품뿐만 아니라 그 생산과정도 포함하고 있음을 알 수 있다. 지속가능생산은 제품을 생산하기 위한 자원채취, 재료가공, 부품가공, 조립 및 생산, 배송, 사용, 그리고 폐기 혹은 재활용을 포함한 확대된 제품수명주기를 그 대상으로 하고 있다. 확대된 전 제품수명주기에 걸쳐 사회책임, 환경보호, 그리고 경제부흥 가치를 실현시키는 생산 과정이 지속가능생산으로 볼 수 있다.

지속가능생산을 보다 구체적으로 알아보기 위하여 미국 지속가능포장협회Sustainable Packaging Coalition에서 제공하는 지속가능포장Sustainable Packaging의 정의를 알아보았다.

지속가능포장이란:

1) 전체 수명주기를 통해 사용자와 지역사회에 이득을 주고 안전하며 건강에 해가 없고
   Is beneficial, safe & healthy for individuals and communities throughout its life cycle;
2) 성능과 비용측면에서 시장의 요구를 만족시키고
   Meets market criteria for both performance and cost;
3) 재생가능에너지를 이용하여 재료 확보, 생산, 운송, 그리고 재활용되어야 하며
   Is sourced, manufactured, transported, and recycled using renewable energy;
4) 재생 및 재활용 재료의 사용이 최적화되어야 하며
   Optimizes the use of renewable or recycled source materials;
5) 청정생산기술과 모범사례에 의하여 생산되며
   Is manufactured using clean production technologies and best practices;
6) 가능한 모든 수명주기 후에 무해가 되는 재료를 사용해야 하며
   Is made from materials healthy in all probable end of life scenarios;
7) 재료와 에너지를 최적으로 사용하도록 설계되어야 하며
   Is physically designed to optimize materials and energy;

●생물학적 기술적 닫힌 순환구조는 7장의 수명주기에서 상세하게 다루게 된다.

8) ●생물학적, 기술적 닫힌 순환구조에서 사용되고 재생되어야 한다.
Is effectively recovered and utilized in biological and/or industrial closed loop cycles.[SPC 2010]

이 정의는 포장분야에 적용된 정의로써 일반 제품은 자체적으로 에너지와 연료를 사용하고 그 부산물을 배출할 수 있으므로, 다음 항목을 보완 한다면 일반적인 제품생산에 적용 가능하다.

9) 재생가능에너지를 사용하여 운영하며, 운영 중 유해물질을 배출하지 않는다.

미국지속가능포장협회의 정의에서 사회책임 가치는 1)항의 사용자와 지역사회 이익과 안전에서 간단하게 언급되었으며, 경제부흥은 2)항의 성능과 시장요구로 표현되어 있다. 이 정의의 나머지 항목은 주로 자원절약과 환경보호에 관한 사항을 많이 포함하고 있다.

이 정의에서 에너지에 대한 내용은 에너지의 효율적 사용과 재생가능에너지 사용으로 나뉠 수 있다. 에너지의 효율적 사용은 7)항의 재료와 에너지 최적 사용을 위한 설계에 나타나 있다. 재생가능에너지 사용은 3)항의 재생가능에너지를 사용한 재료확보, 생산, 운송, 그리고 재생에 포함되어 있다. 이 정의는 또한 포장의 수명주기 동안 가능하면 재생가능에너지를 이용하도록 제안하고 있다.

지속가능포장의 정의는 재료측면에서 재료의 효율적 사용과 재활용, 그리고 독성피해가 없는 재료 사용을 포함하고 있다. 4)항에서는 재료의 재생 및 재활용을 언급하였으며, 7)항에서 재료의 최적사용 설계를 포함하였다. 6)항에서는 모든 상황에서 무해가 되는 재료의 사용을 제안하였다. 재료에 관해서는 8)항에서 생물학적 기술적으로 닫힌 순환구조를 목표로 할 것을 정의하고 있다. 생물학적 기술적으로 닫힌 순환구조는 재료의 절약을 넘어서 환경 친화적이고 무한한 재생산이 가능한 개념으로 앞으로의 제품이나 서비스 개발의 지향점으로 각광받고 있다. 이 정의 역시 제품수명주기 전체를 대상으로 하고 있으며(1, 3, 8항) 특히 5)항에서는 생산과정에서 청정생산기술을 사용할 것을 요청하고 있다.

현재는 지속가능성 개념 자체가 생성되고 있는 과정이므로, 그의 응용인 지속가능생산에 대한 연구와 경험은 충분하지 않다. 그러므로 지속가능생산의 정의는 기존의 지속가능성의 사회책임, 환경보호, 그리고 경제부흥의 3가지 가치를 생산과 제품개발에 단순 적용한 형태를 가지고 있다. 앞으로 연구와 경험이 쌓이면서 생산이나 제품개발에 응용된 지속가능생산의 요소와 정의가 구체화될 것으로 예상된다.

이 책에서는 위에서 조사한 정의를 토대로 지속가능생산에 대한 다음 정의를 사용한다.

> '지속가능생산은 고객과 기업에 이익을 제공하고, 종업원과 지역사회에 안전하고 인간적이고 사회적 포용이 가능한 환경을 제공하고, 재생가능하고 효율적 에너지 사용과 닫힌 순환과 환경에 피해가 없는 효율적 자원사용을 확대된 제품수명주기 전체과정에 실현하려는 생산 활동'

아래는 독자의 이해를 위하여 위의 정의를 지속가능성의 3가지 가치별로 정리하고, 적용범위를 적시하였다.

지속가능생산의 정의 요소

사회정의 – 종업원과 지역사회에 안전하고 인간적이고 사회적 포용이 가능한 환경 제공

환경보호 – 에너지 절약과 재생가능에너지 사용
– 재료의 효율적 사용과 재활용(닫힌 생물학적 기술적 순환구조 목표)
– 환경과 인간에 무해한 재료 사용

경제부흥 – 고객과 기업에 경제적 이익

가치의 적용범위–설계, 자원채취, 생산, 운송, 사용, 그리고 재활용을 포함한 확대된 제품수명주기상의 기업 활동

2. 기존 생산과 지속가능생산의 비교

지속가능생산은 기존의 생산체계가 확대된 것으로 볼 수 있다. 그러므로 이미 알려진 기존 생산과 지속가능생산을 비교함으로써 그 의미를 보다 명확히 할 수 있다. 지속가능생산은 다음의 5 가지 측면에서 기존의 생산체계와 비교할 수 있다.

지속가능생산과 기존 생산과 비교:

- 추구 가치의 확대
- 관심 제품수명주기의 확대
- 공급사슬망 상의 협력강화
- 평가지표와 환경규제 중요성 증대
- 의사소통의 확대

추구 가치의 확대

기존 생산과 지속가능생산의 첫 번째 차이점은 추구하는 가치가 기존 생산에 비하여 확대되었다는 점이다. 기존 생산은 제품의 품질, 가격, 그리고 출시시간을 개선하여 기업의 경제적 이익을 극대화하는 것이 기본 목표였다. 반면 지속가능생산은 기존의 가치에 사회책임과 환경보호를 더하여 추구하고 있다.

기업의 사회책임의 기본은 종업원에 대한 인권 및 노동자 권리 보호에 있다. 여기서 종업원의 개념은 단순히 해당 기업의 종업원뿐만 아니라 모듈이나

부품을 공급해주는 협력업체의 종업원을 포함한다. 생산 전체를 외부에 위탁하는 주문자 상표 생산방식Original Equipment Manufacturing: OEM인 경우에도 주문회사가 위탁 생산업체 종업원의 인권 및 노동환경을 보호하는 책임이 있다는 관념이 굳어지고 있다.

사회책임은 기업이 사용하는 자원의 출처 및 상거래 행위에도 관계가 있다. 예로 아프리카 특정지역에서 비인도적 무장단체의 군비를 충당하기 위하여 채굴되는 다이아몬드를 구입하거나 유통시키는 것도 기업의 사회책임에 위배된다.(6장의 사회적 책임에 관련된 지속가능제품 예 참조) 또한 가난한 나라에서 커피 등의 원료를 너무 싼 가격에 수입하여 판매하는 것도 기업의 사회책임에 위배되는 거래행위로 평가되고 있다. 기업의 사회책임은 지역사회 발전을 위한 공헌도 포함하고 있다. 기업의 지역사회에 대한 책임은 단순히 물리적 경제적 도움을 주는 것뿐만 아니라, 계층 간 교류와 융합이 가능하게 하여 평등하고 인간적인 삶이 가능한 지역사회가 되도록 지원하는 것도 포함되어 있다.

환경보호는 완성된 제품이나 서비스가 환경에 피해를 주지 말아야 할 뿐만 아니라 생산과정에서도 환경에 피해가 없어야 한다. 환경 피해란 유해물질을 배출하는 것뿐만 아니라 온실가스 과다 배출도 포함하는 개념이다. 아울러 재생가능 재료나 에너지를 사용하므로 써 자원의 고갈을 막아야 할 책임도 있다. 이렇게 확대된 환경보호를 위해서는 기업 내부뿐만 아니라 확대된 제품수명주기와 부품 공급망상의 환경문제에 대하여도 적극적으로 참여하고 책임을 지는 태도가 필요하다.

제품수명주기의 확대

두 번째 차이점은 지속가능생산의 대상이 되는 제품수명주기의 확대이다. 지속가능생산에서 환경 문제를 해결하기 위하여 다양한 부가적 활동이 필요하다. 기존의 생산은 일반적으로 제품의 생산과 판매 그리고 제품의 사용에 대하여 책임을 가지고 지원해 왔다. 하지만 지속가능생산에서는 제품을 생산하기 위한 재료의 채취와 가공 등 생산 이전과 제품 사용과 폐기 등 판매 후 단계에 추가된 기업 활동을 필요로 하고 있다.

기존의 생산에서 제품에 사용되는 재료와 부품에서 고려 사항은 비용과 품질이 중심이었다. 하지만 지속가능생산에서는 사용되는 재료와 부품이 환경 보호와 사회책임 측면에서 견실하고 믿을 만한지를 확인해야 한다. 예로 건축에 사용될 목재를 구매하는 과정에서 기존에는 단순히 품질과 비용을 고려하여 선택할 수 있었다. 지속가능생산에서는 환경을 고려하여 생산한 제품임을 인증하는 친환경산림인증을 만족하는 목재를 구입할 필요가 있다. 또한 식품을 만드는 과정에서 사회책임 가치를 고려하기 위해서는 재료가 공평한 무역을 통하여 수입된 제품인지를 확인해야 한다. 이와 같이 기존 생산과는 달리 제품에 사용될 재료의 지속가능성을 관리하는 측면에서 기업이 관심을 가져야 할 제품수명주기가 대폭 확대되었다.

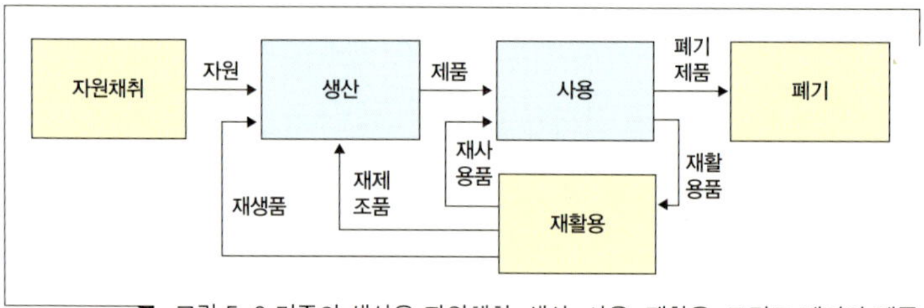

그림 5-2 기존의 생산은 자원채취, 생산, 사용, 재활용, 그리고 폐기의 제품수명주기 중에 생산과 제품 폐기 전까지의 고객사용에 관심을 가지고 있었다.(단계들 중 색칠한 부분) 하지만 지속가능생산에서는 자원이 지속가능 가치를 만족시키면서 채취되었는지를 고려한다. 생산단계에서도 자체 생산 외에 외부에서 생산되는 부품에 대해서도 지속가능성을 만족하는지를 확인하여야 한다. 지속가능생산은 판매된 제품의 유지 보수를 지원할 뿐만 아니라 사용 후 제품을 수거하고, 이를 환경에 부담을 최소화하도록 폐기하는 과정에도 책임을 가지고 있다. 고객이 사용한 물건을 재활용할 경우에는 관련 물류이동과 재활용 처리 과정을 제공해야 하며, 최대한 재생, 재제조, 그리고 재사용할 수 있도록 해야 한다. 이 과정에서 기존 생산에서 사용자 방향으로 흐르던 물류가 사용자에서 생산 방향으로 흐르는 현상을 볼 수 있다.

지속가능생산을 위해서는 특히 판매 후에 제품에 관한 업무를 맡고 있는 고객서비스 부분에서 많은 변화가 필요하다. 고객 서비스를 위하여 재생, 재사용, 그리고 재제조Re-manufacturing를 포함하는 재활용 단계가 강화된다. 이를 위해서는 고객의 제품 사용과 폐기에 대한 긴밀한 관리가 이루어져야 하며, 제품이 사용 후 고객으로부터 기업으로 거꾸로 운송되고 저장되는 역 물류 현상을 지원해야 한다. 특히 기업이 제품의 소유권을 가지고 고객이 사용권만 가지는 친환경 대여Eco-leasing 개념이 적용될 경우, 위에서 언급한 고객서비스에 대한 추가적 업무의 필요성이 더욱 커지게 된다. 즉, 친환경 대여 개념에서는 제품의 생산과 출하 프로세스와 같은 수준의 반대 방향의 물류 흐름과 업무가 추가되게 된다.

지속가능생산은 대상 제품수명주기가 확대된 것 외에 다양한 분야의 협력이 필요한 융합형 분야이다. 다양한 분야가 관련되었음으로 이에 대한 접근 방법도 다학제간 접근 방법이 적용되어야한다. 기존의 생산도 설계, 생산, 그리고 고객지원 등 다양한 분야의 협동 작업이 필요하다. 하지만 이 모든 주체들이 주로 기업 내(확대하면 계열화된 산업군 내)에 한정되어 있었다. 하지만 지속가능생산은 그 범위가 기업을 넘어서, 적극적인 환경보호, 사용자 및 생산자 안전보장, 국제적으로 분업화된 생산 근로자의 인권보호 등 기업 외부로 그 대상과 추구가치가 확대되었다. 이러한 대상과 가치의 확대는 이에 참여하는 역할에도 확대를 가져왔다. 참여하는 역할이 재료 생산을 포함한 공급사슬망에 속한 협력업체를 포함하여 환경단체, 사회단체, 그리고 정부로 확대되어, 환경 및 사회책임 문제를 통해 제품의 생산과 사용에 적극적으로 관여를 하게 되었다.

공급 사슬망상의 협력확대

세 번째 차이점은 공급사슬망Supply Chain상의 협력 강화이다. 자동차와 같은 복잡한 제품을 생산하기 위해서는 많은 수의 부품을 생산하는 협력업체가 필요하다. 이와 같이 최종 제품을 만들기 위하여 필요한 부품과 재료를 공급하는 회사와 최종 조립 및 판매 회사 사이의 관계를 공급사슬망이라고 한다. 공급사슬망을 통하여 제품에 대한 정보, 자금, 부품, 그리고 재료 등의 자원이 흘러간다. 그러므로 긴밀하고 효율적인 공급사슬망의 구축은 경쟁력 있는 제품생산의 기본 요소이다. 지속가능생산에서는 이 공급사슬망을 통하여 위에서 언급한 사회책임과 환경문제에 대한 협력을 하게 된다. 지속가능성의 공급사슬망에 적용은 사회책임과 환경보호를 공급사슬망을 통해 확대한다는 의미와 이를 통해 효율적인 체계를 구축하여 기업의 경쟁력을 높이는 목적을 동시에 가지고 있다.

위에서 언급한 바와 같이 지속가능생산에서 최종제품 생산자도 부품을 공급하는 공급사슬망에 소속된 종업원이 안전하고 인간다운 환경에서 근무할 수 있도록 노력할 의무가 있다. 이를 위해 최종제품 생산자는 공급사슬망에 참여하는 기업들에게 종업원의 노동 권리와 노동환경에 대한 지침을 제공하고 이에 대한 선언을 요구할 수 있다. 또한 정기적인 감사와 추가적인 투자를 통해 종업원들의 권리가 침해되지 않도록 감시하며, 종업원들이 교육과 복지혜택을 누릴 수 있도록 해야 한다.

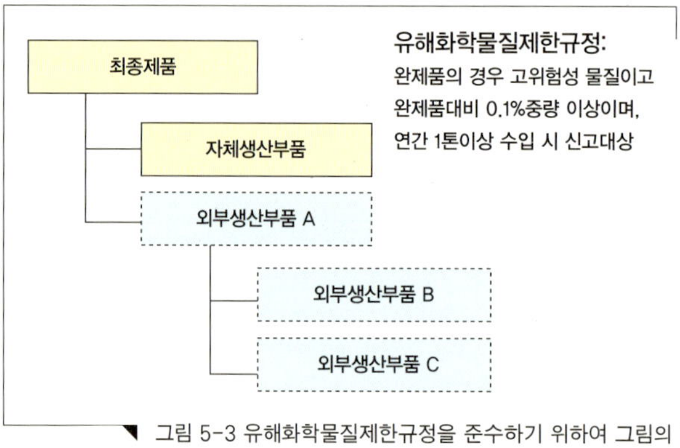

그림 5-3 유해화학물질제한규정을 준수하기 위하여 그림의 '최종제품'에 대한 중량과 화학물질 구성정보를 파악하고 이에 대한 정보를 등록해야 한다. '최종제품'은 자체생산부품과 외부생산부품으로 구성되어 있으므로 '외부생산부품 A'의 경우 공급사슬망상의 공급업체가 제공하는 부품중량과 화학조성 정보에 의존해야 한다. 만일 '외부생산부품 A'가 또 다른 외부 '생산부품 B'와 '외부생산부품 C'로 구성되어 있을 경우, 해당 협력사에서 제공하는 정보를 취합해야 한다. 공급사슬망상의 협동 작업은 단순히 정보를 제공하는 것뿐만 아니라 생산 시 중량과 화학조성을 관리해야 하며, 제품이나 부품에 변경이 있을 경우 관련 정보를 서로 통보하고 조정하는 과정을 포함한다.

계속 강화되고 있는 환경관련 규제에 대한 대응은 공급사슬망을 통한 협력업체의 협조가 없이는 불가능하다. 예로 유해화학물질규제는 특정 유해물질이 포함된 제품의 경우 해당 지역에 수입을 금지한다. 이 규제에 대응하기 위해서는 부품을 공급하는 모든 협력업체에서 해당 부품의 화학물질 조성 정보를 제공해야 하며, 규정된 유해물질을 사용하지 않거나 기존에 사용되었다면 이를 바꾸는 긴밀한 협조가 필요하다. 만일 공급사슬망내의 한 공급업체가 유해화학물질에 대한 관리를 실패할 경우, 최종업체의 환경규제 대응은 실패하게 된다. 그러므로 지속가능생산에서 공급사슬망 상의 환경보호에 관한 긴밀한 협력은 기본 조건이 되어야 한다.

기업이 공급업체와 긴밀히 협력을 하지 못하는 상황일 경우 환경친화적 부품이나 재료를 선택하기 위하여 다양한 환경인증을 사용할 수 있다. 목재 인증인 FSC(Forest Stewardship Council ; 산림관리협의회) 산림 인증은 국제적인 비영리 민간기구가 지속가능산림관리 실현을 목적으로 운영되고 있다. FSC 인증심사 표준은 환경적 적절성, 사회적인 공익성, 그리고 경제적 지속가능성을 중심으로 10개 원칙 56개 기준으로 되어 있다. 인증을 받은 목재를 건축에 사용하였을 경우, 건축물에 대한 사용자의 만족도가 올라갈 뿐만 아니라 건축물 자체의 환경인증에도 도움을 주게 된다.

공급사슬망에 지속가능성 가치를 적용하여 기업의 환경보호와 사회책임 측면에서 개선을 이룰 뿐만 아니라 기업 경쟁력과 이익이 동시에 증가된 경우가 많이 보고되고 있다. 세계적 규모의 자동차 회사인 GM은 자사의 공급사슬망 상의 용기 재사용 프로그램을 통하여 년 1,200만 달러의 이득을 올렸다고 한다. 이 예는 기업이 환경 친화적 공급방법을 채택함에 따라, 자원과 환경을 보호할 수 있게 되었을 뿐만 아니라, 기업 경영에도 도움이 된 사례로 볼 수 있다.

환경규제의 중요성 증대

기후변화협약으로 전 세계적으로 환경에 대한 관심이 고조되면서, 다양한 종류의 환경규제들이 나타나고 있다. 기업에게 환경 규제는 기업 생존에 관련된 중대한 위기인 동시에 기회이다. 환경규제는 일반적으로 제품생산 기업에게 부담을 주게 된다. 예로 기존의 자동차에 비하여 이산화탄소를 적게 배출하는 엔진을 만들기 위해서는 부가적인 연구개발이 필요할 뿐만 아니라 차체 중량 감소를 위하여 보다 비싼 재료를 사용해야 할 필요가 있을 수 있다. 이와 같이 환경 규제의 추가는 단기적으로 기업의 제품생산 비용을 증가시키고 시장 경쟁력을 떨어뜨린다는 것이 일반적인 인식이다.

또한 환경규제는 단시간 내에 기업 생존에 영향을 주는 치명적인 위협이 될 수 있다. 2001년 소니사는 자사의 인기 게임기인 플레이스테이션에 포함된 소량의 카드뮴 때문에 제품 출하 자체를 하지 못한 경우가 있었다. 유해물질이 제품에 포함될 경우 시장 진입을 금지한 환경규제 때문이었다. 이 경우 기업은 생산된 제품의 시장 진입이 막히게 되고 사업이나 기업 생존에 위협을 받게 된다. 생산제품이 환경규제를 만족시키지 못할 경우 단순히 제품의 시장 진출이 막히는 것뿐만 아니라, 소비자가 가진 기업 이미지를 떨어뜨리게 되어 기업의 가치에 손상을 입게 된다. 또한 기업의 지속가능활동 결과를 토대로 투자를 하는 금융기관으로부터 투자 유치도 받을 수 없는 상황에 다다르게 된다. 환경규제를 만족시키지 못할 경우 기업경영 전 방위에서 위협에 노출되므로 지속가능생산에서 제품의 환경규제 만족은 기업생존의 필수조건이다.

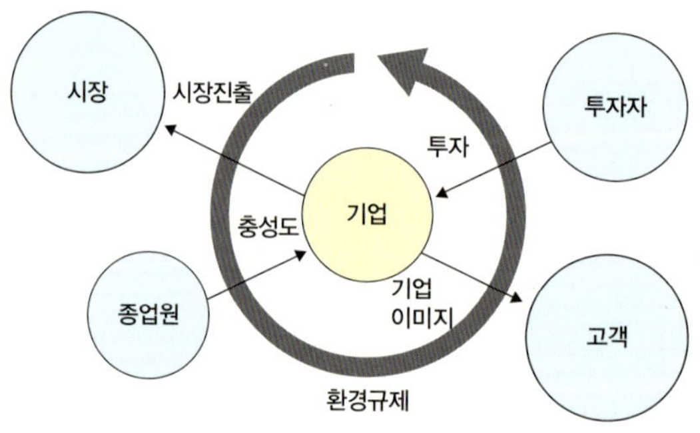

그림 5-4 최근의 환경규제는 기업주위의 시장, 종업원, 고객, 그리고 투자자를 포함한 이해당사자들과의 관계에 영향을 미치는 중요한 요소가 되었다. 그러므로 제품이 환경규제를 만족시키지 못했을 경우에 기업 활동 전 방위에 걸쳐 어려움에 겪게 된다.

환경규제는 일반적으로 기업에 부담으로 작용하지만 이를 이용하여 기업의 경쟁력을 높일 수 있는 기회를 제공하기도 한다. 전문가들은 환경규제에 수동적이기보다는 적극적으로 참여할 것을 권한다. 이는 환경규제가 다른 기업과 차별화를 할 수 있는 기회가 될 수 있기 때문이다. 최근의 소비자들은 환경친화적 상품에 대하여 20%정도의 추가비용을 지불하여도 구입할 의사를 가지고 있으며, 사회책임과 환경보호에 충실한 기업에 대한 높은 충성도를 보이고 있다. 또한 친환경제품 시장 자체가 매우 빠른 성장을 보이고 있다. 그러므로 환경규제를 전략적으로 활용한 친환경 제품을 시장에 출시할 경우 시장을 선도할 수 있다. 이렇게 환경규제와 친환경 기술을 이용하여 시장의 판도를 바꾸는 과정을 친환경혁신Eco-innovation으로 부른다. 이 책의 8장에서 친환경 혁신을 포함한 지속가능 혁신Sustainable Innovation에 대하여 좀 더 자세히 다루게 된다.

기업 외 이해관계자와 의사소통의 확대

지속가능생산에서는 기업의 경제적 성과 외에도 사회책임과 환경보호를 주요 가치로 추구해야 한다. 사회책임과 환경보호 활동의 결과는 고객을 포함한 이해관계자들에게 알려져야 하며, 그들의 의견을 기업 경영 활동에 반영하여야 한다. 이를 위하여 지속가능생산 과정에서 얻어진 지속가능성 성과에 대한 선언과 보고서, 그리고 지역사회와 교류를 위한 다양한 매체가 필요하며, 이러한 의사소통의 확대를 통하여 기업의 사회책임, 친환경 이미지를 고양시켜야 한다.

항목	기존 생산	지속가능생산	사례
추구가치의 확대	품질, 가격, 개발기간, 혁신, 경제적 이익	기존의 품질과 경제적 가치에 환경보호, 사회책임 가치 추가	지구온난화방지를 위한 온실가스 배출량 감소, 원료생산국의 노동자 보호를 위한 적절한 가격 지불
제품수명주기 확대	설계, 생산, 사용 지원	원료채취, 생산, 사용, 폐기, 재생산, 재활용 과정 포함	원료선택 시 온실가스 배출량 고려, 재활용을 위한 재료 선택, 친환경 대여제도

항목	기존 생산	지속가능생산	사례
공급사슬망상 협력확대	품질, 가격, 적기공급에 관한 협력	환경규제, 사회책임에 대한 협력	최종제품생산자의 협력업체 종업원에 대한 인권과 노동행위에 대한 책임 선언
환경규제 중요성	특정 제품에 대한 규제, 제한된 영향	제품판매, 투자, 기업 이미지에 직접적 영향	유해화학물질제한규정에 따른 수입 금지
의사소통의 확대	일방적 상품정보, 재무위주의 경영성과 정보	사회책임, 환경보호 실행 결과 보고, 지역사회의견 수렴	지속가능보고서 발행

표 5-1 이 표는 지속가능생산과 기존 생산과의 차이와 예를 추구가치의 확대, 제품수명주기 확대, 공급망상의 협력확대, 환경규제 중요성, 그리고 의사소통 확대 측면에서 비교하고 있다.

3. 지속가능생산의 평가

평가체계가 필요한 이유

지속가능생산은 기존 생산의 가격, 품질, 그리고 개발기간의 가치 외에 새로운 가치들을 추구하고 있다. 새로운 가치는 기존의 가치들과 충돌을 일으키기도 한다. 예로 낮은 가격으로 제품을 생산할 수 있게 하는 재료가 재활용률이 떨어지는 경우 재활용이 가능한 보다 비싼 가격의 재료를 사용하는 것과 의사결정에서 충돌을 일으킨다. 또 다른 충돌의 예로 아프리카에서 유럽으로 비행기로 공수한 꽃과 유럽에서 재배한 꽃의 평가를 들 수 있다. 아프리카는 인건비를 포함한 생산비가 싸므로 만일 비행기를 이용한 운송비와 생산비의 합이 유럽에서의 생산비보다 싸다면, 아프리카의 꽃이 경쟁력이 있다. 하지만 지속가능생산의 입장에서 보면 다른 평가가 나올 수 있다. 비행기는 온실가스 발생량이 매우 높은 운송수단 이므로 이를 고려하면 아프리카에서 온 꽃의 가치(경쟁력)가 유럽에서 재배한 꽃보다 떨어질 수 있다. 만일 이 문제를 사회책임 측면에서 보면, 경제적으로 낙후된 아프리카 농민을 위해서 아프리카에서 재배한 꽃의 가치가 더 높을 수 있다. 이와 같이 지속가능생산에 대한 평가체계가 정해져 있지 않다면, 지속가능생산의 목표와 방향을 설정할 수 없게 된다.

기존의 생산에서 가치와 지속가능생산의 가치는 단순히 새로운 가치항목의 추가뿐만 아니라 평가방법 측면에서 충돌할 수 있다. 지속가능생산에서 평가는 대상 제품의 최종 결과가 아닌 제품수명주기 전체를 평가한다. 그러므로 그 대상이 최종 대상 제품 외에 제품의 생산과정, 생산에 필요한 부품을 공급하는 공급사슬망, 생산과 공급사슬망에서 다루는 재료의 채취와 가공, 제품의 이동, 제품의 운용과 서비스, 재활용, 그리고 폐기과정을 포함한다.

새로운 가치 추가와 대상 제품수명주기의 확대로 인하여, 지속가능생산에 대한 평가지표를 구체화하고 표준화 할 필요가 있다. 현재 개념정립 단계인 지속가능생산을 활성화시키고, 진정한 지속가능생산의 가치를 실현하기 위해서는 객관적인 평가지표 개발이 필요하다. 특히 확대된 제품수명주기에 참여하지만 제품의 환경 영향 등을 평가하고 관리할 여력이 없는 중소기업을 위해서는 평가지표의 구체화와 표준화 그리고 쉬운 평가방법의 제공이 더욱 필요하다. 이는 기업 혹은 제품 간 친환경성 평가나 정부의 환경관련 정책을 결정하는데도 무척 중요하다. 하지만 위에서 언급한 지속가능성의 확장 된 특성은 구체화된 평가지표 개발에 큰 어려움을 주고 있다.

OECD의 지속가능생산과 친환경혁신 보고서[OECD 2009]에서는 지속가능생산에 평가체계가 필요한 이유를 다음과 같이 정리하고 있다.

- 외부기업과 비교연구 시 호환이 되는 기준을 제공한다.
  Comparability for external benchmarking
- 중소기업에서 지속가능생산을 적용할 때 기준을 제공할 수 있다.
  applicability for SMEs
- 지속가능성에 대한 의사결정을 내릴 때 기준을 제시한다.
  usefulness for management decision making
- 실행단계에서의 개선효과를 측정할 수 있는 단위를 제공한다.
  effectiveness for improvement at the operational level

• 자료의 통합과 표준화의 가능성을 제공한다.
possibility of data aggregation and standardization
• 지속가능성에 관련된 제품과 솔루션을 평가할 수 있도록 한다.
effectiveness for finding innovative products or solution [OECD, 2009]

평가체계 종류

OECD 지속가능생산과 친환경혁신 보고서에서는 지속가능생산에 대한 평가체계의 종류를 아래 표와 같이 제공하고 있다.

분류	설명	예
재료흐름분석 Material Flow Analysis(MFA)	생산 공정 상의 재료와 에너지의 흐름을 양적으로 측정	Material Balance, 입출력분석
환경회계 Environmental Accounting	회계시스템과 같이 환경에 관련된 비용과 이익을 계산	환경관리 회계, 비용이익분석
환경친화지수 Eco-efficiency Indicators	발생하는 경제적 이익 대비 환경에 대한 영향 평가	Factor
수명주기평가 Lifecycle Assesment(LCA) Indicators	제품과 서비스의 수명주기 전 단계에 걸친 환경영향 평가	환경 영향이력 추적, 탄소배출이력(Carbon Foot Print)
지속가능보고 지표 Sustainability Reporting Indicators	이익관계자에게 제공되는 기업의 재무성과외의 환경보호와 사회책임 성과를 보여주는 지표의 모임	GRI 보고서
사회책임투자 지표 Socially Responsible Investment (SRI) Indices	투자목적을 위하여 기업의 지속가능성 관련 실적을 평가하는 지표	Dow Jones 지속가능성 인덱스

표 5-2 위의 평가체계들은 각각 방대한 자료수집과 처리과정이 필요하다. 그러므로 이 책에서는 독자의 이해를 돕기 위하여 '수명주기평가' 방법과 '지속가능보고 지표' 예를 중심으로 소개한다.

애플사의 지속가능 평가지표 예

현재 지속가능생산의 개념이 모호한 상태에서 지속가능생산 평가에 대한 다양한 접근이 이루어지고 있다. 이들 중에서 수명주기평가와 지속가능보고 지표의 예로 애플사의 지속가능보고서(http://apple.com/environment)를 들 수 있다. 그동안 애플사는 생산 협력업체의 종업원 인권문제로 인해 사회책임 측면에서 많은 비평을 받아왔다. 애플사는 기회가 있을 때마다 환경단체의 비판에 대하여 적극적으로 대응해 왔으며 이 환경 보고서도 관련 대응의 일부로 볼 수 있다.

이 보고서는 애플사 제품의 환경관련 수명주기평가에 대한 전체적 설명, 환경을 고려한 제품 설계, 그리고 각 제품에 대한 환경 보고서로 구성되어 있다.

애플사의 환경보고서 내용:

- 환경관련 수명주기평가 설명
- 환경고려 제품설계
- 각 제품별 환경 보고서
- GRI 지침 사용

환경관련 수명주기평가 설명 - 애플사의 환경보고서는 기본적으로 생산, 배송, 사용, 재활용, 그리고 시설을 포함한 제품수명주기 동안의 환경영향을 다루고 있다. 기본 단위는 지구온난화를 주도하는 이산화탄소 배출량CO2 emission을 사용하고 있다. 이는 탄소배출이력Carbon Footprint으로 이해할 수 있다. 보고서에 따르면 전체 제품수명주기에서 환경에 가장 많은 영향을 주는 단계는 사용단계로 전체 배출량의 46%를 차지하는 것으로 보고되고 있다. 지속가능생산이 정착되지 않은 단계에서 기업들이 공장이나 본사의 에너지 절약 혹은 환경보호(예로 공장건물지붕의 생태 친화적 변경) 등 가시적이고 간접적인 활동을 소개하는 반면에 애플의 접근은 기업의 주된 대상인 제품에 초점을 맞추었다는 점에서 주목할 만하다.

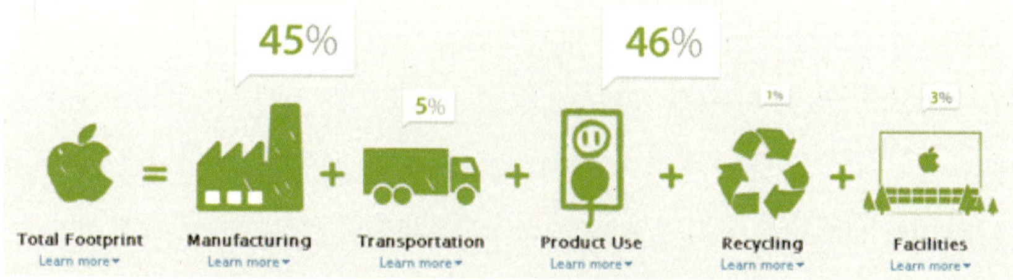

그림 5-5 애플사 제품의 수명주기 전체에 걸친 탄소배출이력을 보여주는 그림이다. 생산에서 45%, 사용에서 46%를 배출하므로 대부분의 온실가스가 제품수명주기 중 생산과 사용과정에서 배출되는 것을 알 수 있다.(출처 http://apple.com 2010)

환경고려 제품설계 – 수명주기평가에서 사용과정이 환경에 가장 부담을 많이 주는 것으로 밝혀졌으므로, 애플사의 환경고려 제품설계는 제품의 에너지효율을 높이는데 초점이 맞추어져 있다. 아울러 재활용성과 무해한 재료사용 측면에서의 고려도 하고 있다.

애플사는 제품의 에너지 효율을 높이기 위하여 하드웨어와 소프트웨어적인 접근을 동시에 하고 있다. 하드웨어적으로는 고효율의 에너지 공급 장치와 낮은 에너지 소모 부품의 사용을 추구하고 있으며, 소프트웨어적으로는 에너지 효율을 높일 수 있는 관리 프로그램을 개발하고 있다. 에너지효율을 높이기 위하여 하드웨어 개선이 중심이 되는 경우가 많으나 소프트웨어를 활용하면, 큰 투자나 변경 없이 기기의 에너지 효율성을 높일 수 있으므로 앞으로 적용 가능성이 많은 분야로 볼 수 있다.

재활용성을 위하여 장기간 사용할 수 있고, 재활용이 가능한 알루미늄과 유리 등의 재료를 많이 사용하고 있다. 또한 금지된 물질을 사용하지 않도록 관리하고 있다.

각 제품별 환경보고서 – 애플사는 각 제품 모델별 환경보고서를 제공하고 있다. 환경보고서는 각 제품별 수명단계별 탄소발생이력, 에너지효율, 재료효율, 금지물질사용 여부, 그리고 재활용에 대한 내용을 포함하고 있다. 애플사가 생산하는 모든 제품에 대한 보고서가 갖추어져 있어 제품중심 환경영향 평가의 전형적인 예를 보여주고 있다.

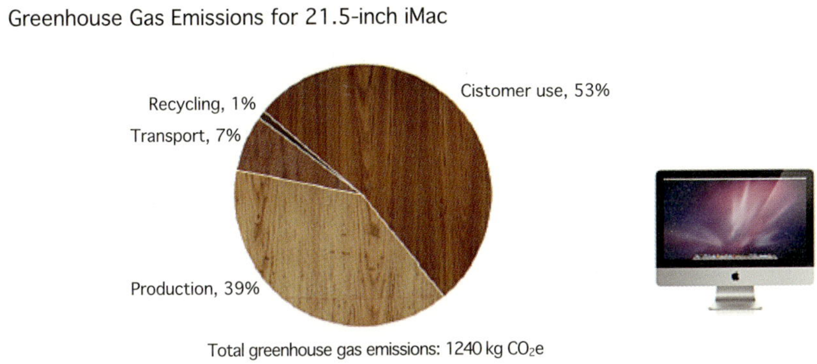

그림 5-6 이 그림은 21.5인치 아이맥의 제품별 탄소배출이력을 보여주고 있다.(출처 http://apple.com 2010) 제품별 탄소배출이력 평가에서도 사용 단계에서 가장 많은 온실가스가 배출(53%)되는 것을 알 수 있다.

GRI 지침 사용 – 애플사 보고서는 제품별, 수명주기별 환경평가(탄소발생이력) 자료를 제공할 뿐만 아니라 GRIGlobal Reporting Initiative에서 제공하는 지속가능성 지침Sustainability Guideline에 기반을 두어 자료를 제공하고 있다. GRI는 환경Environment, 인권Human rights, 그리고 노동행위Labor practices에 대한 보고서 지침을 제공하고 있으며, 애플사는 자사 제품을 생산하는 공급업체에 대한 종업원 인권과 노동행위에 대한 책임을 선언하고 이에 대한 감사 활동을 소개하고 있다. 또한 공급업체 종업원에 대한 적극적인 교육 기회제공 등으로 사회책임 활동을 실행하고 있음을 주장하고 있다.

이 보고서를 통하여 애플사는 수명주기 기반 환경평가, 제품별 환경보고서, 그리고 공급자책임을 포함하는 GRI 접근법 등 광범위하고 실질적인 자사의 지속가능생산에 대한 정보를 제공하고 있다. 앞으로 일반 기업들도 애플사의 경우와 같이 광범위한 환경관련 보고서를 작성할 필요가 있다. 지속가능사회에서는 정부, 사회단체, 그리고 소비자가 기업의 평가를 위하여 애플사의 보고서와 유사한 자료를 요구할 것이기 때문이다. 기업은 지속가능성이 품질, 가격, 그리고 납기 등과 함께 기업경쟁의 주요 요소가 될 것을 예측하여, 이를 평가할 수 있는 방법론과 지원 시스템을 준비해야 한다.

4. 지속가능생산 관련 규제

지구온난화로 촉발된 환경에 대한 관심은 각종 환경규제 강화로 이어지고 있다. 환경규제는 제품 생산 기업의 경영환경에 즉각적이고 직접적인 영향을 미치며, 이에 대한 신속하고 적절한 대응이 기업의 사활을 좌우할 수 있는 요인이 되었다. 그러므로 일부에서는 환경경영이라는 용어가 나타나고 있다. 환경문제에 대한 시급성으로 지속가능생산과 관련된 규제는 주로 환경보호 부분에 집중되어 있으며, 이 분야에 가장 선도적인 곳은 유럽연합으로 대부분의 주요 환경규제를 선도적으로 적용하고 있다. 미국, 일본, 중국 등은 유럽보다는 늦지만, 환경규제가 환경 산업과 국제협약의 주도권과 관련이 있으므로 경쟁적으로 관련규제를 정비하고 있다. 그러므로 유럽연합에서 발효되고 있는 대표적 환경규제를 알아봄으로써 어떤 규제들이 지속가능생산에 영향을 미치는 지 알아보겠다.

RoHS Restriction of the use of Hazardous Substances

'특정유해물질의 사용에 대한 제한' 규정으로써 2006년 7월부터 납, 수은, 카드뮴 등 6가지 특정유해물질이 포함된 전기 및 전자 신제품의 출고가 금지되었다. RoHS 규정의 목적은 제품상의 특정물질 사용을 금지하는 것이다. 특히 6가지 금지 물질 가운데 납은 전기 및 전자 제품에 주로 쓰이는 납땜과 관계가 있다. RoHS의 규정 작성 과정에 적극적으로 참여한 전자업체의 납이 없는 땜 준비를 통한 시장선점 사례가 보고되고 있다.

RoHS에 대응하기 위해서는 금지된 특정유해물질이 제품에 포함되지 않도록 해야 한다. 이를 위해서 제품의 설계에서 유해물질이 포함되지 않는 부품과 재료를 사용해야 한다. 아울러 기존 제품에 유해물질이 포함된 부품이나 재료가 사용되었다면 이를 교체해야 한다. 특히 외부로부터 부품이 도입될 경우 해당 부품이 특정유해물질이 포함되지 않았다는 증빙을 확보해야 하며, 관련 물질에 대한 적절한 검사가 필요하다.

WEEEWaste Electrical and Electronic Equipment

'전기 및 전자 장비 폐기물'에 관한 법령으로써 2005년 8월 이후 출시되는 관련 제품들은 WEEE 규정을 따라야 한다. WEEE 규정은 제품의 회수, 처리, 재활용, 그리고 복구 등에 관한 필요조건을 규정하고 있다. WEEE 규정은 전기 및 전자 장비들이 사용 후 용이하게 처리되고 재활용되어질 수 있도록 하는데 목적을 두고 있다.

WEEE에 대응하기 위해서는 우선 부품들의 재사용을 고려한 설계를 해야 한다. 이는 제품 사용 후 분리, 복원, 재사용, 그리고 재활용할 수 있도록 설계해야 함을 뜻한다. 아울러 제품사용이 끝난 후 소비자로부터 제품의 회수 과정과 규정을 포함한 회수 체계를 마련해야 하며, 이에 대한 자세한 정보가 소비자에게 전달되어야 한다. 아울러 제품의 예상 판매에 따른 재활용 목표를 세우고 이를 관리하여야 한다.

RoHS와 WEEE의 대상은 냉장고를 비롯한 대형 가정용 전기 및 전자 기기, 커피메이커를 비롯한 소형 가정용 전기 및 전자 기기, 컴퓨터를 비롯한 정보통신기기, 텔레비전 등 소비재 전자기기, 조명기기, 전동공구, 장난감, 운동기기 등 우리 생활 전반에 많이 쓰이는 전기 및 전자 기기를 포함하고 있다. 특히 우리나라와 같이 전기 및 전자 제품이 수출의 많은 부분을 차지할 경우 RoHS와 WEEE에 대한 적절한 대응이 기업 경영에 큰 영향을 미치게 된다.

EuPEco Design requirements for Energy using Products

'에너지 사용제품의 친환경 설계 요구사항'은 2005년 7월에 공포되었으며, 자동차를 제외한 기본 기능을 위해 에너지를 사용하는 제품을 대상으로 하고 있다. 이는 보일러 온수기에서 장난감까지 우리 생활에서 에너지를 소모하는 많은 제품을 포함하고 있다. 이들 제품에 관하여 제조자가 환경성 평가, 분석, 그리고 요구사항을 만족시키기 위한 해결방안, 요구사항 측정 결과, 그리고 환경적 설계 정보를 확보하여 친환경적으로 설계된 제품임을 확인시켜야 한다. 또한 제품의 소비자나 재활용업자와 같은 이해관계자에게 제품의 환경적 특성, 친환경적 사용방법, 반환방법, 해체, 재활용, 그리고 폐제품 처리시설 정보를 제공해야 한다. 또한 부품제조자는 물질 구성표, 투입에너지, 그리고 자원소비에 대한 정보를 제조자에게 제공해야 한다.

REACHRegistration, Evaluation, and Authorization of Chemicals

2007년 1월 1일부터 전 유럽연합 지역에 '화학물질 등록 평가 승인 제도REACH'가 발효되었다. REACH는 통제 없이 개발되어 사용되는 다양한 화학물질이 일으킬 수 있는 인간 건강과 환경에 대한 피해를 방지하기 위해 운영되고 있다. REACH를 통하여 유럽연합 내에서 1 톤 이상 생산되거나 수입되는 모든 화학물질 정보와 안전성 평가결과가 등록되며, 그중 유해한 물질은 사용을 규제할 수 있다.

해당 화학물질을 제조, 수입, 공급 혹은 전문적으로 사용하는 자는 화학물질의 정보를 EU화학물질관리청EU Chemicals Agency에 등록해야 하며, 산업계는 해당 물질의 안전성을 평가해야 한다. 즉 안전성 평가의 책임이 규제당국이 아닌 산업계가 가지고 있게 된다. 규제당국은 등록된 화학물질 중 위험성이 밝혀졌으나 산업계가 적절히 제어할 수 있음이 증명되지 않았거나, 위험을 무시할 만한 사회경제적 효율성이 없다고 판단될 때는 사용을 금지시킬 수 있다.

이 제도에 참여하는 산업계는 화학물질 평가에 필요한 비용을 부담하지만, 그동안 일어난 무절제한 새로운 화학물질의 적용으로 인한 비용을 고려할 때 충분히 사회경제적 이득이 있는 제도로 평가받고 있다. 그러므로 산업체는 사용 물질이 무해함을 증명하거나, 유해 가능성이 있는 물질을 무해한 물질로 대체하는 활동을 활발히 벌이고 있다.

이러한 유해물질이나 에너지 절약을 위한 규제 외에도 아직 국제적 협약이 체결되지 않았지만 탄소배출권도 환경규제에 포함된다. 국내에서 제정된 '저탄소녹색성장기본법'에 따르면 앞으로 연간 온실가스를 25000톤 이상 방출하는 사업장은 정부의 관리 대상이 되며, 온실가스 감축협약이 체결되고 국가 배당량이 결정되면, 각 기업별 온실가스 배출 할당량이 결정되어 규제 효과를 발휘할 것이다. 이 경우 온실가스 배출량이 할당량 보다 많을 경우, 온실가스 배출권을 구입하거나 청정개발체계* 등을 이용하여 온실가스 배출권을 확보해야 한다. 예로 포항제철이 우루과이에서 벌이고 있는 식목사업은 감축규정이 제공될 경우 온실가스배출권을 확보하기 위한 기업의 선제 활동으로 볼 수 있다.[조선일보, 2010]

* 청정개발체계(Clean Development Mechanism) 기업이 온실가스를 감축할 수 있는 설비와 기술 투자를 통해 UN으로 부터 감축한 실적만큼 온실가스 배출권을 승인 받은 체계를 말한다.

지속가능생산 관련 인증은 규제와 같이 강제적인 사항은 아니지만 경우에 따라서는 해당 환경 인증이 없이는 시장 진출이 어려운 경우가 있다. 대표적인 환경관련 인증으로써는 ISO 14000 시리즈가 있으며, 각 분야별로 다양한 친환경 인증 프로그램이 운영되고 있다. 인증은 아니지만 ISO에서 제정한 ISO 26000 사회책임 지침도 투자유치를 비롯한 기업 활동 평가에 큰 영향을 줄 것으로 예측된다.

제6장

축구공과 요구르트

지금까지 지속가능생산에 대한 개념적인 설명을 하였다. 이 장에서는 보다 구체적인 이해를 위하여 지속가능생산의 결과인 지속가능제품Sustainable Products에 대하여 알아본다. 현재 5장에서 언급한 지속가능생산의 정의 - 특히 지속가능포장에서 구체적으로 언급한 조건들 - 를 모두 만족시키는 제품을 찾기는 어렵다. 그러므로 이 장에서 언급하는 제품들은 지속가능성의 여러 조건들 중 일부만을 만족시킨다. 혹은 아직은 구현되지 않은 시제품이거나 개념 설계 단계의 제품들일 수도 있다. 이 제품들이 보여주는 여러 특성을 모두 가진 제품을 상상하면 이상적인 지속가능제품이 어떤 모습일지 짐작할 수 있을 것이다. 지속가능제품이나 서비스는 물리적 제품 외에 공정, 서비스, 그리고 정책 등 다양한 형태로 개발될 수 있다. 하지만 이 장에서 다루는 지속가능제품은 물리적인 제품 중심으로 서술되었다. 또한 각 분야에 대표적 제품을 소개한 것이 아니라 각 항목별로 독자가 쉽게 이해할 수 있는 제품을 예로 사용하였다.

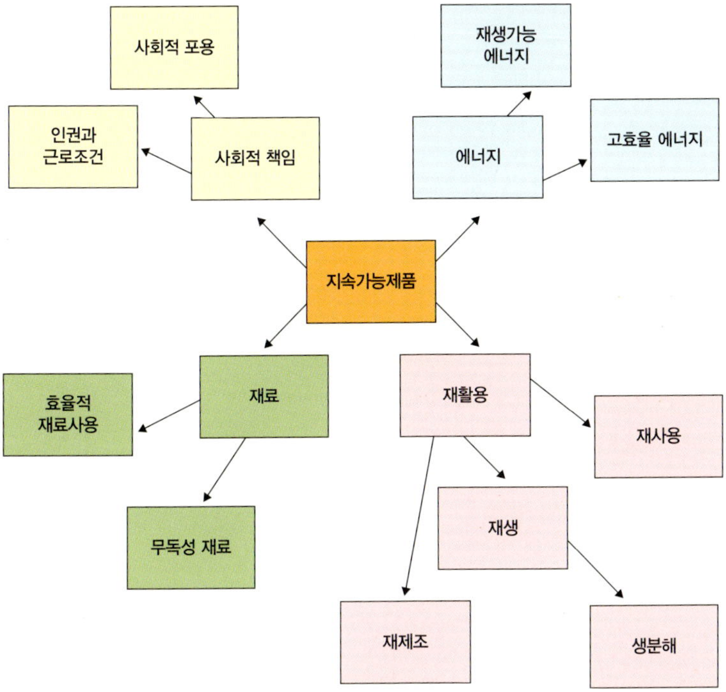

그림 6-1 이 장은 지속가능제품들을 특성별로 분류하고 그 예를 설명하고 있다. 내용의 구성은 위의 그림과 같이 지속가능제품의 분류도와 일치한다. 지속가능제품은 사회책임, 에너시, 재료, 그리고 재활용 측면에서 지속가능성의 가치가 적용된 제품으로 생각할 수 있다. 에너지, 재료, 그리고 재활용은 지속가능성의 환경보호 가치가 더욱 세분화되었다. 관계도는 사회책임, 에너지, 재료, 그리고 재활용 측면에서 보다 상세히 분류된 적용 분야를 표시하고 있다. 사회적 책임의 경우는 근로자의 인권 및 근로소건과 사회포용 분야의 예를 포함하고 있다. 경우에 따라서는 반대 예를 통해 지속가능제품을 설명하려고 노력하였다. 에너지 측면에서는 재생가능 에너지와 에너지 고효율 제품에 관하여 설명한다. 재료 관련해서 무독성과 효율적 재료 사용 측면에서 지속가능제품을 다루게 된다. 재활용은 재사용, 재생, 그리고 재제조로 구성되어 있고, 재생에서는 생분해를 이용한 제품 예를 보다 자세히 다루게 된다.

1. 지속가능제품

지속가능제품이란 지속가능생산의 결과로 만들어진 제품이나 서비스를 말한다. 그러므로 지속가능제품은 사회책임, 환경보호, 그리고 경제부흥 가치를 추구하는 제품이나 서비스이다. 특별한 언급이 없는 한 지속가능성의 3가지 가치 중 경제부흥 요소는 언급하지 않는다. 경제적 성공은 기존 제품들도 기본적으로 추구하는 가치이기 때문이다.

2. 사회책임 – 사회적 포용

Grameen Danone 사의 저가 요구르트와 Alive & Kicking 사의 축구공은 사회책임을 강조한 지속가능제품들 중에 사회포용 가치를 추구하는 예로 볼 수 있다. 사회포용이란 경제적, 인종적, 그리고 사회적 소외계층을 지원하여 동등한 사회의 일원으로 회복시키는 활동을 뜻한다. 기존의 사회포용에 관련된 기업의 활동은 기부 등 기업에 일방적 부담이 되는 활동으로 생각되었으나, 최근에는 기업 경영전략의 일환으로 보는 시각도 있다.[Prahalad 2009]

Grameen Danone사의 저가 요구르트

Danone사는 요구르트로 유명한 프랑스의 다국적 식품기업이다. 이 회사는 마이크로 크래딧으로 유명한 Grameen은행과 협력하여 Grameen Danone사를 세우고 Shakti Doi 라는 요구르트 제품을 방글라데시에서 생산하고 있다. 이 요구르트는 방글라데시의 가난한 소비자도 구입할 수 있는 약 5센트의 가격이 책정되었으며, 영양부족에 시달리는 현지 아이들을 위하여 단백질과 비타민 등 영양 성분을 강화하였다.(요구르트 1개당 하루권장 영양의 30%를 채워 줄 수 있다고 한다) 또한 현지에서 생산되는 우유를 사용하고 현지 인력을 고용하므로 지속적인 지역발전에 도움을 주고 있다.

그림 6-2 Grameen Danone 사의 요구르트(출처 http://time.com 2010)

Alive & Kicking사의 가죽 축구공

Alive & Kicking사는 영국 자선단체에 의하여 설립된 아프리카 지역 축구공 제작 회사이다. 이 회사는 필요한 가죽을 지역에서 조달하고 지역의 인력을 고용하여 제작한 저가의 축구공을 현지 판매 혹은 기부를 통해 배포하고 있다, 특히 공의 표면에는 아프리카 지역에서 유행하는 HIV/AIDS 혹은 말라리아에 대한 치료나 예방에 관한 글을 인쇄하여 질병예방에 대한 정보를 제공하고 있다. 그러므로 이 기업은 아이들에게는 운동을 통한 건강을, 어른들에게는 일자리를, 그리고 청소년에게는 질병예방에 대한 정보를 제공하여, 기업이 일상 경영 활동을 통해 사회책임을 구현할 수 있다는 것을 보여주고 있다.

그림 6-3 Alive & Kicking 사의 축구공 제작 모습(출처 http://aliveandkicking.org.uk 2010)

위의 두 예에서 기업의 사회책임을 강조한 지속가능제품을 알아보았다. 이 제품들은 상대적으로 빈곤한 지역사회를 기반으로 재료를 수급하고 인력을 고용하여 제품을 생산함으로써 지역의 경제적 번영을 도와주고 있다. 또한 지역에서 주로 소비하는 생산품도 어린이나 청소년의 건강에 필요한 것을 포함하고 있다. 그러므로 이들 제품은 빈곤한 지역사회에 경제적 번영과 아울러 건강증진과 질병퇴치 등과 같은 삶의 질 향상을 가져올 수 있는 지속가능제품으로 볼 수 있다.

사회책임을 가치로 추구하는 지속가능제품도 기업의 기본 가치인 경제적 성공을 가져올 수 있을 것으로 보인다. 현재 Grameen Danone사에서 발생하는 이득은 Danone사에서 가져가지 않고 이 사업을 확장하는데 전액 재투자된다고 한다. 그러므로 Danone사는 투자만 하고 경제적 이득은 얻고 있지 못하다. 물론 이 활동을 회사의 기부나 봉사활동의 일환으로 볼 수도 있지만, 사회적 책임을 다하는 회사의 이미지 상승과 추후 큰 시장이 될 수 있는 저개발 국가 소비자들에게 미리 좋은 기업 이미지를 심어 줄 수 있다는 점에서 충분한 투자 가치가 있다. 특히 최근에 저가의 꼭 필요한 기능을 갖춘 제품을 상대적으로 빈곤한 시장에 제공하여 경제적 성공을 거두는 경우도 있어, 사회책임과 경제성공을 동시에 만족시키는 지속가능제품도 가능하리라 예측 된다.

또한 이 예에서 지속가능제품과 기존 제품 평가가 다른 점을 발견할 수 있다. 기존에는 품질, 가격, 기능, 짧은 개발기간, 그리고 디자인 등 제품의 결과에 관련된 속성으로 제품 평가가 내려졌다. 하지만 지속가능제품 평가는 부품이나 재료수급, 생산방법, 그리고 소비시장 등을 포함한 제품수명주기와 업무모델 상의 평가도 포함되어 있다. 즉 기존의 평가항목도 증가했을 뿐만 아니라 평가 대상도 전체 제품수명주기로 확대되었다고 볼 수 있다.

3. 사회책임 - 종업원의 인권과 근로조건

지속가능생산에서 사회책임의 기본은 기업이 종업원의 근무환경과 노동권을 충분히 보호하는 것이다. 애플사는 진보적 이미지를 가진 기업으로써 혁신적이고 뛰어난 디자인을 가진 아이팟 등의 제품을 통해서 큰 성공을 거두고 있다. 하지만 이 아이팟은 지속가능제품의 반례가 될 수 있다. 바로 아이팟을 조립하는 중국 위탁전문 제조회사의 노동환경 때문이다.

2006년 6월 영국의 한 신문에는 대만에 본사를 둔 위탁전문 전자제품 제조회사의 중국 아이팟 생산 공장에 대한 기사가 실렸다. 기사에 따르면, 약 이십만 명의 근로자들이 장시간 노동, 저임금, 일방적 시간외 근무, 그리고 채벌 등이 일반화된 열악한 근로조건에서 아이팟을 비롯한 다수의 첨단 전자제품들을 생산하고 있다고 한다. 이들 근로자들은 단체 활동을 통한 자신들의 기본적인 노동 권리조차 주장하지 못하고 있었다. 이들 근로자들의 저임금은 아이팟의 가격 경쟁력을 지탱하는 주요한 수단이 되었으며, 이는 애플사 및 위탁전문 제조회사에게 막대한 이득을 가져다주었다.

애플사는 아이팟을 직접 제조하지 않고 위탁하였으나, 자사의 제품을 생산하는 근로자들의 근무환경과 노동권을 보호하도록 해당 기업을 관리할 책임이 있다. 현재 기존의 기술, 자산, 그리고 재무상의 평가뿐만 아니라 사회적 책임에 대한 평가도 기업평가의 주요한 요소로 포함되고 있다. 또한 애플사의 예에서와 같이 종업원에 대한 사회적 책임 대상은 제품을 위탁생산하는 기업의 근로자에까지 확대되고 있다.

애플사는 사회적 책임을 다하기 위해 공인된 체계를 따르는 지속가능보고서를 작성하고 있다. 지속가능보고서에 공급업체 책임이라는 항목으로 위탁제조업체 근로자의 노동권과 인권, 건강과 안전, 그리고 도덕성에 대한 책임항목을 선언하고, 이에 대한 감사 과정을 설명하고 있다. 또한 위탁제조업체에 사회적 책임 문제가 발생하였을 경우 이를 적극적으로 해결하겠다는 선언을 하고 있다. 애플사는 위의 중국 제조공장에 대하여 조사를 실시했지만 가혹행위 등에 대해서는 근거가 없다고 밝히고 있다. 그러나 일부 근로자들이 규정된 최대 근무시간을 초과해 일했으며, 전체 근로자의 4분의 1이 일주일에 하루도 쉬지 못한다는 사실을 인정했다.

애플사의 예는 기업이 자사의 근로자뿐만 아니라 위탁 생산과 부품공급 관계에 있는 협력업체의 근로자에 대한 인권과 근로 환경도 책임을 져야한다 점을 시사하고 있다. 만일 영국 일간지의 보도처럼 애플사가 위탁제조업체 근로자의 인권과 근로환경에 대한 감시와 보호를 소홀히 했다면, 애플 아이팟은 그 혁신적인 기능과 미려한 외관에도 불구하고 지속가능제품으로 볼 수 없다.

그림 6-4 영국일간지 Mail on Sunday에 게시된 중국 애플 아이팟 위탁생산 업체인 Foxconn 공장의 열악한 근무환경(출처 http://appleinsider.com 2010)

또 다른 지속가능제품의 반대 예로 블러드 다이아몬드Blood Diamond를 들 수 있다. 블러드 다이아몬드는 아프리카의 군벌들에 의하여 채취되어 판매되는 다이아몬드를 뜻한다. 블러드라는 이름이 붙은 이유는 이 다이아몬드의 판매 대금이 군벌들의 군자금으로 사용되기 때문이다. 아프리카의 일부 국가에서는 종족 간 혹은 정치세력 간의 내전이 계속되고 있으며, 이 혼란의 와중에서 많은 군벌들이 형성되어 심각한 인권 유린과 잔악 행위를 일삼고 있는 것으로 보고되고 있다. 이들 군벌들이 전쟁에 필요한 비용을 마련하기 위하여 다이아몬드 광산을 운영하고 있으며, 광산 운영 중에도 많은 인권유린 사례가 보고되고 있다. 군벌들이 군비를 확보하기 위하여 광산에서 채취한 다이아몬드를 국외로 수출하고, 이를 블러드 다이아몬드로 부른다.

현재 블러드 다이아몬드의 유통을 막기 위하여 인증 과정을 거친 다이아몬드 원석만을 거래하도록 하고 있으나, 아직도 많은 양의 블러드 다이아몬드가 유통되고 있는 것으로 알려져 있다. 블러드 다이아몬드는 그 이익이 인권 유린과 전쟁을 일으키는 집단에 제공된다는 점에서 사회적 책임에 반하고 있다. 그러므로 블러드 다이아몬드 원석을 구입하여 가공, 생산한 회사는 지속가능제품을 생산했다고 볼 수 없다.

블러드 다이아몬드의 예는 지속가능제품을 만들기 위해서는 제품의 원료가 지속가능성을 만족시키는 지도 고려해야 한다는 점을 시사하고 있다. 비슷한 예로 저개발 국가의 농민들에게 적절한 대가를 지불하지 않고 너무 저가로 구입한 커피콩으로 만든 커피도 기업의 사회책임 측면에서 소비자의 저항을 불러일으켰다. 비인도적 전쟁을 수행하는 비용을 제공하는 블러드 다이몬드는 비록 가격이 싸고 품질이 좋아도 지속가능제품이 될 수 없다.

그림 6-5 아프리카의 분쟁지역 중에 하나인 시에라리온 코노 지역의 한 광부가 다이아몬드를 채취 하고 있다.(출처 http://usaid.gov 2010)

4. 에너지 - 재생가능 에너지 사용

재생가능에너지Renewable Energy란 자연에 의하여 항시 채워지고 고갈되지 않는 에너지자원을 뜻한다. 재생가능에너지는 화석연료 에너지처럼 다시 사용할 수 없는 재생 불가능 에너지에 대비되는 개념으로 태양열, 풍력, 지열, 조력, 파력, 그리고 수력 등이 포함된다. 추가적으로 식물 등에서 추출할 수 있는 지방이나 당에서 연료를 만드는 바이오매스Biomass나 물을 분리하면 거의 무한대로 얻을 수 있는 수소 등도 재생가능에너지로 분류된다.

재생가능에너지를 사용하는 제품들은 환경에 부담을 주지 않고 영구적으로 사용 가능하므로 지속가능제품으로 분류할 수 있다. 재생가능에너지 사용 제품은 그 종류가 많지만 이 글에서는 운송기계 중의 하나인 선박에 적용된 예들을 알아보려고 한다. 물의 부력을 이용한 선박은 그 역사가 매우 오래되었을 뿐만 아니라 기원전 3000년경부터 이집트에서 돛을 사용하기 시작하여, 바람만을 이용해서 대륙 간 장거리 대량 운송이 가능하게 하였다. 이 글에서는 재생가능에너지를 사용하는 선박들을 지속가능제품 예로 설명하겠다.

풍력을 이용한 추진

선박 운항에 쓰이는 재생가능에너지 하면 가장 먼저 떠오르는 것이 풍력이다. 수많은 돛에 바람을 받으며 물을 가르는 대항해 시대의 범선을 상상하면 풍력을 이용한 화물의 대륙 간 운송이 가능하다는 것을 알 수 있다. 최근에는 기존의 내연 추진 기관에 풍력을 추가하거나 다른 에너지와 통합된 형태의 시도가 이루어지고 있다.

돛Sail을 이용한 추진 - 풍력을 이용한 가장 일반적인 방법으로 돛의 사용을 들 수 있다. 현재 돛을 이용한 대형 선박은 지속가능성보다는 관광이나 레저용도인 크루즈나 요트 등에 사용되고 있다. 현재 운행 중인 대형 범선으로는 5개의 마스트를 가진 Royal Clipper 호가 있으며 크기는 134.8m×16.5m

이며, 금속선체와 2개의 디젤엔진을 가지고 있다. 현재 이 선박은 크루즈 용도로 사용되고 있다.

현대 범선을 대양용 화물선으로 사용하기 위해서는 속도, 크기, 돛, 그리고 운항 인력 등의 문제를 해결해야 한다. 속도와 크기 측면에서 범선의 한계를 알아보면 역사상 가장 큰 범선인 독일의 Preussen 호의 경우 편도 항해에서 가장 빠른 평균 속도가 13.7 노트였으며, 크기는 124.25m×8.24m 이었다고 한다. 이에 비하여 현대 디젤 화물선의 경우 20노트 후반의 최고속도를 가지고 있으나, 경제적 운항 속도는 10 노트 대인 것으로 알려져 있다. 물론 철제 선체로 크기는 300m이상의 거대한 선박을 만들 수 있다. 예로 2009년에 취항한 세계 최대의 컨테이너선인 Eugen Maersk(크기 398m×56m)의 경우 평균 약 14노트로 운항한다고 한다. 돛 관련 운항인원도 과거 수백 명 수준에서 동력화와 컴퓨터를 통한 자동화를 통하여 1인이 마스트가 3개인 대형요트를 운항하는 수준이 가능하다고 한다. 위에서 예로 든 Royal Cilpper호도 돛 관련 운항인원이 27명 수준으로 알려져 있다. 그러므로 자원고갈 등으로 에너지 가격이 오르고 환경문제가 심각해진다면 기계화되고 자동화된 현대 범선이 대양 화물을 운송할 가능성도 있다.

그림 6-6 현재 운영되는 대형 범선인 Star Clippers 사의 Royal Cilpper 호(참조 http://wikipidia.org 2010)

한편 오일쇼크가 한창이던 1980년대 일본에서 2개의 사각형 경식 돛을 단유조선인 Shin Aitoku Maru 가 건조되어 운영되었다. 이때 기대 효과로 연료의 30-40% 절감을 목표로 했다고 한다. 다른 나라에서도 비슷한 시도가 있었지만 곧 석유 값이 내렸고 유지 및 운영비 과다로 더 이상 돛을 이용한 화물선의 제작 및 운영이 이루어지지 않았다.

그림 6-7 Shin Aitoku Maru 호(참조 http://urban.ne.jp 2010)

날개 돛Wing Sail을 이용한 추진 - 풍력을 이용하는 다른 방법으로 날개 돛을 이용한 예를 찾아볼 수 있다. 날개 돛은 비행기의 날개단면과 같은 구조물을 배위에 수직으로 설치하여 바람에 의한 추진력을 얻는 방법이다. 1980년대 개발된 날개 돛은 현재 요트 등의 소규모 선박에 사용되고 있다.

최근에 날개 돛을 이용한 친환경 화물선을 개발하려는 시도가 다시 진행되고 있다. 1995년 덴마크 환경자원부에서는 Knud E. Hansen A/S 사에 날개 돛을 이용한 화물선의 타당성 조사를 의뢰하였다. 조사결과 길이 약 200미터로 재화중량톤수가 50000톤급의 날개 돛 채용 상선을 같은 크기의 일반상선과 비교했을 경우 약 10%의 비용이 더 드는 것으로 평가되었다. 2단계 조사에서는 날개 돛과 디젤엔진을 동시에 사용하기 위하여 선형을 포함한 돛을 다시 설계한 경우와 비교하였고, 이 때 건조비와 운영비등으로 약 10% 비용이 더 드는 것으로 평가되었다. 하지만 이 선박을 운항 시 연료의 양이 27-50%까지 감소하여 온실가스 배출 감소 측면에서 큰 효과가 있을 것으로 예측되고 있다.

그림 6-8 Knud E. Hansen A/S의 WindShip(출처 http://marinetalk.com 2010)

연Kite을 이용한 추진 - 연을 통하여 풍력을 선박항해를 위한 에너지원으로 사용하는 방법도 있다. KiteShip사는 대형 연을 이용하여 선박의 추진력을 얻는 KiteShip 시스템을 고안해냈다.(http://www.kiteship.com) 이 방법은 돛대설치로 인한 비용부담이나 화물 적재 시 문제점, 그리고 기존 선박에 설치가 쉬운 측면에서 경제성이 높다고 한다. 이 회사 주장에 의하면 이 시스템을 설치하면 선박 연료의 35%에서 최대 59%까지를 절약할 수 있다고 한다.

그림 6-9 KiteShip사의 KiteShip시스템을 장착한 선박운행 모습(출처 http://gcaptain.com 2010)

태양력을 이용한 추진

태양력을 선박의 주 추진 에너지로 사용하기에는 아직 부족한 점이 많지만 풍력 등 다른 에너지와 조합해서 사용하면 근해 요트 등에 적용이 가능하다. 아래 그림에 소개한 SolarSailor 사의 제품은 태양전지가 설치된 돛을 사용해서 중소규모의 선박을 운행할 수 있다고 한다. 돛과 태양전지 그리고 배터리만을 사용할 경우 최고 7 노트의 속도가 나오는 것으로 알려져 있다.(http://solarsailer.com)

그림 6-10 Solar Sailor사의 태양전지 부착 돛(출처 http://trendsupdates.com 2010)

파력을 이용한 추진

현재 돛, 태양전지 등에서 얻은 에너지를 이용하여 연료전지에 필요한 수소를 공급하는 일종의 하이브리드 선박이 제안되고 있고, 이 때 파력(파도의 힘)도 동력원으로 사용하는 예가 있다. Wallenius Wilhelmsen 사에서 제안한 E/S Orcelle 호는 2025년까지 온실가스 배출이 전혀 없는 항해를 목표로 설계된 차량운반선이다. 이 선박은 태양전지, 돛, 그리고 하단에 파력을 이용한 발전설비를 갖추고 있으며, 이들 재생가능 에너지원과 연료전지를 통합하여 추진력을 얻게 된다. 특히 연료전지에 필요한 수소를 공급하기 위하여 위에서 언급한 태양전지, 돛 혹은 파력 발전설비에서 나오는 전력을 이용하게 된다. 아래 그림은 E/S Orcelle호의 모양과 하단의 파력을 이용한 발전을 가능하게 하는 핀을 보여준다. 아울러 이 배는 보다 효율적이고 오염이 없는 환경친화적인 선박을 만들기 위해 경량금속을 사용하고 밸러스트 탱크가 없는 선형을 사용하고 있다.

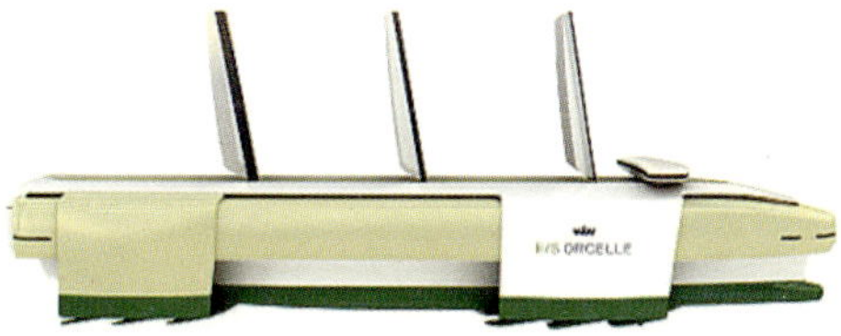

그림 6-11 Wallenius Wilhelmsen사의 E/S Orcelle 호 모형(출처 http://walleniusmarine.com 2010)

그림 6-12 Wallenius Wilhelmsen사의 E/S Orcelle 호에 설치된 12개의 파력발전용 핀(출처 http://walleniusmarine.com 2010)

5. 에너지 - 고효율 에너지

에너지를 생성하는 발전설비 자체의 고효율화도 중요하지만, 지역기반의 소규모 발전설비와 이곳에서 발전된 전력을 지능적으로 분배하는 스마트 그리드Smart Grid를 이용하면 기존의 중앙 집중식 대량생산 방식의 발전설비에 비하여 에너지 효율을 비약적으로 높일 수 있다.

스마트 그리드는 기존 전력시스템에 정보통신기술을 접목하여 전력망을 실시간으로 통제하면서 공급자와 수요자 간의 양방향 통신을 통해 전력망 운영 효율을 최적화하는 미래 전력시스템이다.[이창용 2010] 기존의 전력망은 대규모 중앙 집중식 발전소로부터 전력을 생산하여 고정된 송전망을 통하여 소비자에게 일방적으로 전달하게 된다. 이 과정에서 시간에 따라 변화하는 전력수요에 탄력적으로 적응하지 못하여 약 40-50%의 낮은 전력설비 이용률을 보이고 있다.

이에 비하여 스마트 그리드는 수요자 주위의 소규모 발전시설에서 생산하는 전기를 수요에 따라 효과적으로 배분할 수 있는 기능을 가지고 있다. 그러므로 스마트 그리드를 응용하면 지역 환경에 따라 다양한 에너지원을 취하는 작고 효율적인 발전설비를 이용할 수 있다. 예로 태양열발전 시설을 가지고 있는 마을의 경우 낮에는 태양열발전 시설에서 생산하는 전원을 이용하고, 밤이 되면 이웃의 풍력발전에서 생성하는 전원을 받아 부족한 전원을 보충할 수 있다. 이와 같이 주위의 다양하고 소규모 발전설비를 효율적으로 이용할 경우, 대규모 발전설비를 건설해야하는 비용과 배전설비 건설을 위한 비용을 줄일 수 있고, 각 발전설비의 특성에 맞추어 그 효율을 극대화할 수 있다.

6. 재활용

제품에 사용된 재료를 재활용할 수 있다면, 자원을 절약하고, 제품 생산과정을 줄일 수 있어 제품생산이 환경에 주는 부담을 최소화할 수 있다. 재료의 재활용은 재사용, 재제조, 재생, 그리고 생분해로 구분할 수 있다.

재활용의 종류:

- 재사용Reuse

- 재제조Re-manufacturing
- 재생Re-cycle
- 생분해Biodegradation

재사용이란 간단한 세척, 검사 등의 과정을 거쳐, 제품이나 부품을 다시 사용하는 방식을 뜻한다. 재제조란 비교적 복잡한 제품을 수명동안 사용 후 분해한 후, 이를 검사, 세척, 그리고 재가공 과정을 통하여 기존의 신제품과 동일한 품질의 제품으로 만들어내는 방식을 뜻한다. 재생이란 수명이 끝난 제품을 다시 원료상태로 가공 후 다른 제품의 재료로써 공급하는 방식을 뜻한다. 각각의 방식을 위해서는 제품개발 단계에서 미리 재활용을 고려해야 하며, 필요에 따라 생산, 고객서비스, 물류 과정을 재설계하여 사용부품의 수집과 가공이 가능하도록 준비하여야 한다.

생분해는 폐기물이 미생물에 의하여 환경무해물질로 분해되는 과정을 뜻한다. 즉 폐기물이 미생물의 먹이가 되어 자연 생태계의 순환을 통하여 재생되는 과정을 뜻한다. 생분해된 결과를 직접적으로 제품생산에 사용할 수 없지만 생태계의 큰 순환을 이용하여 다른 개체에 영양분을 공급한다는 의미에서 이를 재활용으로 분류한다.

7. 재활용 – 재사용

2010년 4월부터 행정안전부는 기존 1회용 비닐봉투를 수거처리가 가능한 종량제 쓰레기봉투로 재사용하는 정책을 시행하고 있다. 이 정책은 쇼핑봉투로 1회용 비닐봉투를 구입하는 대신, 재사용 종량제 봉투를 구입해 쇼핑봉투로 활용하고, 이를 다시 가정에서 쓰레기종량제 봉투로 사용해 환경을 보호하는 목적을 가지고 있다.[공감코리아 2010]

우리가 일반적으로 쓰고 있는 검은색 1회용 쇼핑 비닐봉투는 사용 후 버려질 경우 처리가 어려워 환경 단체가 선정한 환경을 해치는 최악의 발명으로 선정되기도 하였다. 재활용종량제봉투는 쇼핑봉투로 사용 후 수거처리가 가능한 종량제 봉투로 재사용이 가능하므로 기존 쇼핑봉투의 환경 피해를 막을 수 있게 된다. 물론 이를 위해 종량제 쓰레기봉투의 디자인을 쇼핑봉투로 사용하기 편하도록 개선하는 과정을 거치게 된다.

그림 6-13 종량제 봉투를 쇼핑용으로 개선한 재활용종량제봉투(출처 http://korea.kr 2010)

8. 재활용 – 재제조

미국 캐터필러Caterpillar사는 수명이 끝난 제품이나 부품을 새 제품이나 부품과 동일한 상태로 만들어 주는 재제조 사업을 하고 있다. 캐터필러 사는 재제조 제품을 산 고객에게 사용 후 제품의 주요부분을 되돌려 줄 경우 일정액의 돈을 환불할 것을 약속하고 있다. 캐터필러사가 든 예를 보면 고객은 551.18 달러에 워터펌프를 사고, 사용 후 이 제품의 주요부분을 회사에 되돌려 줄 경우 274.74 달러를 되돌려 받게 된다. 즉 고객은 재제조에 필요한 주요 부품을 제공하는 대가로 276.44 달러의 비용(551.18-274.74달러)만 지불하게 된다.

이렇게 제공된 수명이 끝난 제품이나 부품은 검사와 해체를 거쳐 새 제품과 똑 같은 품질과 수명을 가지도록 재가공 된다. 재가공 되는 과정에서 기존의 제품 제작 때보다 기술이 발전되었다면 해당 기술을 적용하여 보다 개선된 제품을 만들게 된다. 이렇게 재제조된 제품이나 부품은 신제품과 동일한 품질을 가지며, 같은 수준의 품질보증도 받게 된다. 이렇게 재제조한 제품은 수명이 신상품과 비슷함에도 불구하고, 신상품 제작에 비하여 10% 내외의 에너지와 재료만 소비하는 것으로 알려져 있다.

그림 6-14 사용이 끝난 제품을 재제조를 위하여 검사하고 있는 Caterpillar사 직원 [Caterpillar 2010]

9. 재활용 – 재생가능 재료 사용

재생가능 재료Recyclable Material를 사용한 제품은 지속가능제품의 한 예가 될 수 있다. 재생가능 재료란 세척, 분쇄, 용융 등의 특정 과정을 거쳐 기존과 다른 새로운 제품에 쓰일 수 있는 재료를 뜻한다. 재생가능 재료는 사용이나 재생 과정에서 성질이 변하거나 이물질을 분리하기 어려워서 원래 재료보다 순도가 떨어지는 재료를 얻을 수밖에 없는 경우도 존재한다. 예로 종이의 경우 인쇄된 잉크나 비닐 코팅 때문에 원래 보다 질이 떨어지는 종이로 재활용될 수 있다.

재생가능 재료 중에 대표적인 것이 알루미늄이다. 알루미늄은 가벼우면서도 특유의 광택과 재질을 가지고 있으며 부식에도 강하므로 항공기, 자동차 등에 다양하게 사용되는 재료이다. 알루미늄은 수거만 된다면 여러 번 재생하여도 그 순도나 특성이 떨어지지 않는 것으로 알려져 있다. 그러므로 알루미늄을 재료로 한 재품은 수거 체계만 갖추어진다면 재활용 가능한 지속가능제품의 예가 될 수 있다.

알루미늄을 사용한 제품 중에 PotteryBarn사(http://www.potterybarn.com)에서 만들어진 재생 알루미늄 의자가 있다. 이 의자는 100% 재생 알루미늄으로만 만들어져 있으며 자사에서 기존에 목재로 만들던 Napoleon 의자와 모양이 같다. 이 제품은 재생 알루미늄으로 만들어졌을 뿐만 아니라 한 가지 재료로 만들어진 재품이므로 추후 용도가 끝난 후 쉽게 재생할 수 있다.

그림 6-15 PotteryBarn 사의 재생 알루미늄 의자(출처 http://potterybarn.com 2010)

10. 재활용 – 생분해

생분해Biodegradation란 미생물에 의하여 폐기물이 환경무해 물질로 분해되는 과정을 뜻하며, 이 과정에서 미생물의 대사 작용에 의하여 폐기물내의 유기물이 이산화탄소와 물로 분해되게 된다. Society of Testing and Materials

ASTM에서는 생분해 제품을 180일내에 이산화탄소CO2와 물로 완전히 분해되는 제품으로 정의하고 있다.

닫힌 순환계를 이용한 재활용 방식을 설명하고 있는 책인 Cradle to Cradle[McDonough and Braungart 2002] 4장에는 수명이 끝난 후 자연 미생물의 먹이가 되는 즉, 생분해되는 소파용 직물개발 예가 나온다. 저자들은 처음에는 면과 PETpolyethylene terephthalate에서 추출한 섬유를 혼방한 직물을 고려하게 된다. 여기서 PET는 탄산음료 병 등으로 많이 사용하는 플라스틱의 한 종류로 저자들은 이를 재생하여 사용하면 환경과 경제적 이득을 얻으리라 예상하였다. 하지만 검토결과 이 직물들이 폐기되면 혼방된 면은 자연적으로 분해되나, PET성분은 분류 및 재사용이 어려워 환경에 부담을 주는 것으로 밝혀졌다.

결국 저자는 '먹어도 좋을 만큼 안전한 천'을 개발하기로 결정하고 사용자의 호흡기에 나쁜 영향을 주지 않고, 폐기 후 미생물의 먹이가 될 수 있는 천을 개발하게 된다. 이 과정에서 천을 생산하는데 필요한 염료를 포함한 여러 화학약품들도 미생물들이 소화(분해)할 수 있는 성분으로 선택하게 된다. 이렇게 개발된 천은 생산과정에서 다양한 환경규제를 자연스럽게 만족시킬 뿐만 아니라, 사용 후 폐기가 되면 자연에 먹이가 되어 환경을 보다 풍요롭고 건강하게 하는 선순환이 일어나게 되었다.

위의 예에서와 같이 자연 환경에서 생분해가 될 수 있는 성분으로 구성된 제품은 사용과 폐기 과정에서 환경규제 주수, 작업환경, 사용자 건강, 그리고 환경보호 측면에서 다양한 이득을 주게 된다. 최종 폐기된 후에도 자연 먹이사슬의 기초를 이루는 미생물에게 영양을 공급하게 된다. 그러므로 생분해 가능한 제품은 적극적으로 환경에 도움을 주는 지속가능제품으로 볼 수 있다.

11. 재료 - 무독성

산업화에 따라 새로 개발되는 화학물질에 의한 인간과 환경에 대한 피해는 지속적으로 보고되고 있다. 화학물질은 시장에 도입 되고나서 그 피해가 확인되어 금지되는 경우가 많으며, 심한 경우에는 이 금지된 화학물질에 대한 규제를 피하기 위하여 또 다른 유독성 화학물질을 사용하는 악순환을 낳기도 한다.

2010년 1월에 미국의 유명 매장들에서 판매되는 장난감 장신구에서 카드뮴이 검출되는 일이 발생했다. 카드뮴은 광택이 많이 나는 은백색의 금속으로 주로 장신구를 도금하거나 도색할 때 사용해왔다. 기존에 납이 같은 용도로 사용되어왔으나 그 독성 때문에 장난감에 사용이 금지되었다. 중국의 제조업자들은 어린이 장신구에 사용 금지된 납을 대신하여 더 유독성이 강한 카드뮴을 사용하고 있었다. 중금속의 일종인 카드뮴은 체내에 축적되며, 어린이 두뇌성장을 늦추어 학습능력을 떨어뜨릴 수 있는 것으로 알려져 있다.

그림 6-16 규정이상의 카드뮴을 함유한 어린이 장신구의 예(출처 http://NYDailyNews.com 2010)

이와 같이 광범위하게 사용되는 독성 화학물질에 의하여 다양한 피해가 보고되고 있으며, 이들 피해를 방지하기 위하여 독성물질 사용 제품을 금지하는 RoHS 규제와 화학 물질을 등록 관리하는 REACH 등의 규제가 강화되고 있다.

12. 재료-효율적 재료 사용

재료를 효율적으로 사용한 제품은 제품수명주기 전체에 걸쳐 환경에 대한 영향을 극적으로 줄일 수 있다. 불필요한 재료를 절약하면, 재료의 채취나 제조, 그리고 폐기에서 발생하는 환경 영향을 최소화할 수 있다. 또한 효율적 재료 사용으로 인한 공간과 무게에서 생기는 이익 때문에 운송과 포장에서도 환경영향을 크게 줄일 수 있다. 효율적 재료의 사용은 꼭 재료의 종류뿐만 아니라 제품의 형태나 기능과도 관계가 있다. 그러므로 효과적인 재료 사용을 포함한 혁신적인 제품의 설계는 환경영향을 최소화하는 제품을 제공할 수 있다.

그림 6-17 IKEA a.i.r 공기소파의 모습(출처 http://productmilieu.nl, 2010)

이러한 제품의 예로 IKEA사가 1997년 출시한 a.i.r 소파를 들 수 있다. 이 소파는 바람을 불어넣어 부풀리도록 되어 있어 최소한의 재료를 사용하고 있다. 이동이나 사용하지 않을 때는 바람을 뺄 수 있어 공간을 절약할 수 있다. 공간의 절약은 제품의 운송을 효율적으로 할 수 있게 하여 운송수단에 의한 온실가스 발생을 줄일 수 있다. 같은 트럭이라도 훨씬 많은 수의 소파를 운송할 수 있고, 필요한 경우 자전거를 이용하여 소파를 옮길 수도 있다. 그리고 최종 폐기 시에도 부피와 재료의 양이 적어 환경영향을 최소화 할 수 있다. 공기를 이용하여 부풀리는 이 소파는 기존의 솜이나 천이 들어있는 소파들과 비교할 때 생산, 운송, 저장, 사용, 그리고 폐기 전 과정에 걸쳐 환경의 영향이 최소화되는 것을 알 수 있다. 그러므로 IKEA사의 a.i.r 소파는 효율적인 재료 사용을 통해 환경에 영향을 최소화한 지속가능제품으로 볼 수 있다.

13. 적용된 분류의 제한점

이 장에서는 최종 제품에 초점을 맞추어 지속가능제품들을 알아보았다. 하지만 기업은 기업 활동의 최종 생산물인 지속가능제품 외에 다양한 '지속가능 활동'을 실행할 수 있다. 기업의 지속가능 활동은 친환경 생산시설 설치, 협력업체 근로환경 개선 등 최종 제품을 포함한 제품수명주기와 기업의 경영 활동에 많은 관계가 있다. 그러므로 지속가능제품을 평가하기 위해서는 보다 종합적이고 제품수명주기 중심의 관찰과 분석이 필요하다.

제7장

닫힌 순환구조

지속가능생산은 기존 생산에 비하여 제품수명주기Product Life Cycle를 중요시 하고 있다. 제품수명주기란 제품의 일생을 생물에 비유하여 생산되고(태어나고), 사용되고(성장하고), 결국은 폐기(죽음)에 이르는 과정을 표현한 것이다. 기존 생산에서는 제품의 수명주기가 크게 고려되지 않고 품질과 가격 같은 제품의 최종 단계 속성만 중요시 되었다. 하지만 지속가능생산에서는 제품수명주기 전체에 걸쳐 고려해야 할 가치들이 많다. 예로 지구온난화의 원인으로 주목받고 있는 온실가스 배출량의 경우 최종 제품이 배출시키는 양 뿐만 아니라 해당 제품을 위한 재료채취와 생산, 운송, 그리고 폐기 과정에서 발생하는 온실가스 량을 모두 합해야만 의미가 있다. 유해 물질의 경우도 마찬가지로 최종 제품에 포함된 유해 물질의 양도 중요하지만 재료채취와 제품 생산과정에서 유해 물질이 생성된다면 제품의 지속가능성에 문제가 있다. 이 책의 6장에서 언급한 애플사의 아이팟의 예에서 확인할 수 있듯이 기업의 사회책임도 제품수명주기를 확인해야만 알 수 있다. 그러므로 지속가능생산을 측정하기 위해서는 제품수명주기에 기초를 둔 다양한 분석과 평가가 필요하다.

제품수명주기는 지속가능제품 개발을 위한 중요한 수단을 제공하기도 한다. 이상적인 지속가능제품은 제품 생산과 사용, 그리고 폐기에서 유해한 물질을 발생시키지 않으며, 사용된 자원과 에너지를 자연의 재생 과정과 인위적 재생 과정을 이용하여 무한히 재활용 할 수 있는 제품이나 서비스를 뜻한다. 그러므로 제품에 사용된 자원을 재활용할 수 있는 수명주기를 고려하지 않으면 성공적인 지속가능제품을 개발할 수 없다. 그러므로 지속가능제품은 제품수명주기를 고려하여 개발해야하고, 제품수명주기를 통해 그 가치를 평가받게 된다. 이 장에서는 지속가능제품 개발 시 고려해야 하는 제품수명주기의 특성과 어떻게 제품수명주기를 통해 지속가능성을 평가할 수 있는지를 살펴본다.

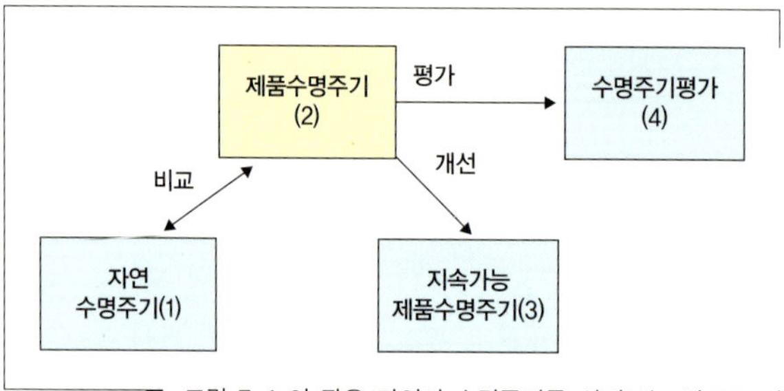

그림 7-1 이 장은 자연의 수명주기를 살펴보는 것으로 시작한다(1). 자연의 수명주기를 이해하고 모방함으로써, 현재 생산 체계의 여러 가지 지속가능성 관련 문제를 해결할 수 있는 실마리를 찾게 된다. 다음으로 일반적인 제품수명주기를 살펴본다(2). 제품수명주기를 지속가능성 측면에서 개선한 지속가능 제품수명주기를 살펴본다(3). 현재 가장 진보된 지속가능 제품수명주기는 Cradle to Cradle 모델이다. 이 모델은 자원 재활용을 생물학적 순환계와 기술적 순환계를 이용한 방식으로 엄격히 구분하고 있다. 또한 제품에 대한 소유의 개념을 바꿔 제품의 재활용이 보다 효과적으로 이루어질 수 있도록 친환경 대여(Eco-leasing) 방식을 제안하고 있다. 마지막으로 수명주기에 기반을 둔 지속가능제품 평가 방법인 수명주기평가(Life Cycle Assesment)에 대하여 소개한다(4).

1. 순환되는 자연의 수명주기

수명주기란 생명체가 태어나서 자라고, 쇠약해져서 결국은 소멸하는 과정을 뜻한다. 우리는 의미를 보다 생생하게 전달하기 위하여 무생물체를 생물체에 비유하곤 한다. 이와 같이 기업에서 생산하는 제품에도 수명주기 개념을 적용하면 최종 제품에서 볼 수 없는 제품의 여러 가지 측면을 분석할 수 있다.

지속가능제품의 수명주기를 잘 이해하기 위해서는 자연에 존재하는 생명체의 수명주기를 이해하는 것이 도움이 된다. 또한 자연의 수명주기는 지속가능제품의 자원과 에너지 재활용에 중요한 역할을 담당한다. 자연에서 각 개체의 수명주기는 생태계 내의 다른 개체의 수명주기와 긴밀히 연결되어 있다. 이 연결은 주로 한 개체가 소멸하면서 다른 개체의 먹이를 제공하는 형태로 나타난다. 우리는 이 연관 관계를 먹이사슬로 표현하기도 한다. 자연은 구성원인 각 개체의 생명주기들이 서로 맞물려서 전체가 하나의 낭비도 없이 돌아가고 있는 거대한 시계와 같다. 이 거대한 시계에 속한 개체들의 수명주기가 진행되면서 이 개체에서 저 개체로 에너지와 물질이 이동한다.

지구상의 모든 생물은 기본적으로 같은 방식의 에너지와 물질 변환을 통하여 생명을 유지하고 있다. 개체의 성장, 체온 유지, 물질 축적, 신경과 근육에 의한 반사 및 운동에는 많은 에너지가 필요하며, 에너지가 없이는 잠시도 생명을 유지할 수 없다. 지구상의 모든 에너지는 태양의 빛 에너지로부터 공급된다. 태양으로부터 에너지를 얻는 과정은 광합성에서 시작된다. 광합성은 식물의 뿌리에서 얻은 물과 잎으로부터 얻은 이산화탄소를 엽록소가 흡수한 태양에너지를 이용하여 합성하여 포도당과 같은 유기물을 만든다. 광합성을 통하여 합성된 유기물에는 태양 에너지가 저장되어 있는 셈이다. 이렇게 식물체 내에 저장된 포도당은 에너지가 필요할 때 분해되고 이 에너지를 이용하여 APTAdenosine triphosphate라는 화합물을 합성한다. APT는 세포내에 저장되어 있다가 에너지가 필요할 경우 이를 분해하여 에너지를 꺼내 쓰게 된다.

동물의 경우 광합성을 할 수 없기 때문에 포도당과 같은 유기물을 만들 수 없어, 전적으로 먹이에 의존하여 유기물을 섭취한다. 그 외에 유기물을 분해할 때 생기는 에너지로 APT를 생성하고 이를 이용하여 생명 활동에 필요한 에너지를 제공하는 점은 식물과 같다. 이와 같이 지구상의 생태계에서는 태양에서 오는 빛 에너지를 원료로 이를 저장하기 위한 물질이 생성되고(광합성), 이 물질이 먹이사슬을 통하여 이동하고(식물의 유기물이 동물에 의하여 소화) 사슬의 마지막에 있는 생물은 생명이 끝나면 다른 생물의 생장이나 활동에 필요한 재료를 공급하기 위하여 분해된다.

자연은 태양 에너지를 전환, 저장, 그리고 이동시키는 기본적 체계를 바탕으로 지구상의 제한된 물질만을 이용하여 생태계를 구성하는 모든 생명체의 에너지 수요를 충족시킨다. 생태계는 지구상에 물질을 추가하거나 소멸시키지 않고 단지 순환시킴으로써 모든 생명체가 필요한 에너지와 물질을 영구적으로 제공하고 있다. 예로 나무는 물과 이산화탄소를 흡수하여 태양에너지를 유기물로 전환하고, 토양의 다른 물질들을 이용하여 열매와 잎을 성장시키게 된다. 이 열매들은 다른 초식동물이 성장하고 활동할 수 있게 하는 먹이를 제공한다. 동시에 나무는 동물들의 호흡에 필요한 신선한 산소를 제공하고, 다양한 생물의 서식처를 제공하거나 토양을 비옥하게 하고, 물을 저장하는 등 생태계의 다른 구성원들의 생명 활동에 도움을 주는 다양한 역할을 하게 된다. 다른 동물이 먹지 않고 땅에 떨어진 열매나 잎도 낭비되지 않고 조그만 곤충이나 미생물에게 먹이를 제공하게 된다. 곤충이나 미생물은 열매나 잎을 부수고 소화시켜 자신들의 성장과 활동에 필요한 먹이를 얻을 뿐만 아니라 분해된 물질을 다시 나무의 성장과 생명 활동에 필요한 먹이로써 되돌려 준다. 또한 곤충과 미생물들도 토양에 미세한 통로를 만드는 등, 나무의 성장에 도움이 되는 역할을 하게 된다. 열매와 잎을 먹은 동물들도 이를 소화시키고 그 배설물을 통하여 나무의 성장에 필요한 물질을 되돌려 주게 된다. 그리고 이 동물을 먹이로 삼는 육식 동물들도 생명을 마친 후 자신의 몸을 미생물을 포함한 다른 생물들에게 먹이로 제공함으로써 거대한 생태계의 순환에 참여하게 된다.

지구상의 생명체가 필요로 하는 물질은 모두 지구상의 물질로 부터 얻어지며, 지구상의 물질은 새로 생성되지 않고 순환된다. 생태계는 이 효율적인 순환 과정을 통하여 소속된 모든 생명체가 풍족한 생명활동을 영위할 수 있도록 하고 있다. 이와 같이 생태계는 외부에서 물질이 들어오지도 나가지도 않는 순환구조를 사용하므로 닫힌 순환구조로 부른다. 이 순환구조는 지구상에 생명체가 나타난 이후, 지금까지 진화해 왔으며, 지구상에 다양하고 풍요로운 생명체가 넘치도록 발전해 왔다. 하지만 진화 역사의 거의 끝부분에 나타난 인간 때문에 이 균형이 깨지고, 생태계가 더 이상 지금까지 역할을 수행하지 못할 위기에 처하게 되었다.

2. 닫히지 않은 제품의 수명주기

비록 무생물이지만 인간이 만든 물건도 물질과 에너지를 사용하고, 사용 후에도 환경에 영향을 주게 된다. 산업혁명의 결과인 대량생산이 시작되기 전에 인간이 만든 물건의 수명주기는 자연에 존재하는 개체의 수명주기와 크게 다르지 않았다. 인간이 만든 제품도 자연의 큰 순환주기 안에 일부로써 아무 부작용 없이 존재하였다.

하지만 산업혁명이 일어나고 효율성과 인간의 이득만을 고려한 대량 생산 시스템이 가동되면서 환경오염과 자원고갈에 관련된 많은 문제점들이 나타났나. 또한 산업화의 진전으로 생산, 교통, 그리고 기술 발달의 최종 결과물인 거대 도시들이 세워졌다. 이 도시들은 성장을 멈추지 않는 암처럼 섬점 자라나 대량소비의 거점이 되었으며, 이들이 발생시키는 폐기물은 자연이 감내할 수 있는 수순을 넘어서고 있다. 이제 산업화와 도시화로 인한 환경오염과 자원고갈 문제가 제품수명주기 전반에 걸쳐 발생하고 있다.

인간이 만든 제품의 수명주기는 재료채취, 생산, 포장과 배송, 사용 및 유지보수, 재활용, 그리고 폐기 단계로 구성되어 있다. 제품을 생산하기 위해서는 자연에서 재료를 채취해야한다. 재료채취 단계는 제품에 필요한 원료를 자연으로부터 얻고 제품을 만들기 위하여 가공하는 단계이다. 생산은 채취된 재료를 이용하여 대량의 제품을 만드는 과정이다. 이 생산과정은 여러 단계의 공정으로 구성되어 있으며, 각 공정은 에너지를 사용하며, 필요에 따라 세척 등을 위하여 특정 물질을 사용할 수 있다. 공정의 결과로 특정 부가물이나 폐기물이 발생할 수 있다. 이 폐기물은 자연환경으로 되돌아가며, 이 때 환경에 영향을 주지 않도록 적절히 처리되지 않으면, 생태계나 자연환경을 파괴할 수 있다. 포장과 배송 단계는 만들어진 제품을 이동 시 파손되지 않도록 보호하고, 운송수단을 이용하여 소비될 장소로 이동 시키는 과정이다. 이 과정에서도 포장재나 운송수단 사용의 결과로 폐기물이 발생하며, 이는 자연환경으로 되돌려진다.

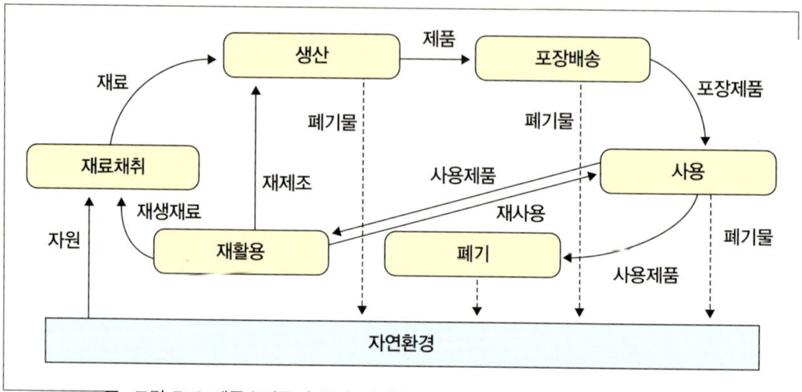

그림 7-2 제품수명주기 동안 자연환경과의 연관관계를 보여주고 있다. 실선은 제품이나 재료의 흐름을 보여주고 점선은 폐기물의 흐름을 보여주고 있다.

배송된 제품은 고객에 의하여 구매되고 사용되게 된다. 사용을 위하여 포장이 제거되어 폐기되고, 제품도 사용 후 폐기되거나 재활용되게 된다. 폐기과정에 들어간 제품은 소각되거나 매립되고 분해되어 자연으로 돌아가게 된다. 재활용되는 제품은 간단한 세척과정을 거쳐 다시 사용단계로 되돌아가는 재사용, 분해 후 재가공 조립되어 신제품과 동등한 수명주기를 다시 가지게 되는 재제조, 그리고 분쇄나 융용 등을 거처 새로운 재료로 다시 태어나는 재생과정을 거치게 된다.

앞의 제품수명주기에서 알아본 바와 같이 제품은 수명주기 각 단계에서 자원을 사용하거나 폐기물을 배출하는 등 자연환경과 지속적인 관계를 가지게 된다. 현재 생산체계는 이 관계에서 자연이 아닌 인간의 이익만 고려하여 제품수명주기 전 과정에서 환경오염, 자원고갈, 그리고 생태계 파괴 등의 지속가능성 문제를 발생시키고 있다. 다음은 제품수명주기 동안 일어나는 지속가능성 관련 문제를 소개하고 있다.

재료채취

산업이 대량생산 체계로 전환됨에 따라 다량의 재료를 효율적으로 확보하는 것이 중요해졌다. 이를 위해 필요한 자원을 대규모 개발이 가능한 광물자원과 화석연료에 의존하게 되었다. 산업화가 진행되면서 이들 지하자원을 채굴하는 대규모 광산과 유전이 개발되었다.

대규모 광산과 유전 개발 과정에서 심각한 자연 훼손과 오염이 발생하고 있다. 특히 지표의 토양을 걷어내고 넓은 면적에 걸쳐 광물을 캐는 노천 광산의 경우 산림 훼손과 이로 인한 생태계 교란이 심각하다. 채굴된 광물을 처리하기 위하여 다량의 화학물질이 사용되고, 이 과정에서 발생한 독성 물질이 토양에 노출되어 심각한 환경오염을 일으킨다. 바다 속에서 이루어지는 유전개발도 많은 문제를 일으킬 수 있다. 최근에 멕시코만의 유전 사고로 인한 원유 유출로 생태계에 큰 피해를 끼친 예가 보고되고 있다. 대규모 재료채취는 다양한 생물의 삶터인 숲을 없애고 토양, 물, 그리고 공기를 오염시킴으로써 많은 종류의 동식물을 멸종시키며, 생태계를 되돌릴 수 없도록 파괴하고 있다.

그림 7-3 2010년 4월 20일 멕시코 만에 위치한 석유시추선 Deepwater Horizon호가 폭발하면서 해저 1500미터에 위치한 유정의 기름이 유출되는 사고가 일어났다. 약 5개월간 흘러나온 기름 유출량은 약 490만 배럴로 추정된다.(출처 http://wikipidia.org 2010)

광산이나 유전을 통한 광물과 화석연료 채취의 가장 큰 문제는 해당 자원이 유한하다는 점이다. 특히 화석연료의 경우에는 연소시켜 에너지를 사용하였을 경우 이를 다시 재활용하는 것이 불가능하다. 그러므로 현재 화석연료에 기반을 둔 대량생산과 소비 체계는 지속적으로 유지될 수 없으며, 이를 지속할수록 채취 비용의 상승, 자원 확보를 위한 국제적 긴장, 그리고 자원부족으로 인한 성장 둔화 등의 부작용을 겪게 될 것이다.

현재의 대량생산 체제는 농업부분에서도 작물과 가축을 대규모로 사육하도록 하고 있다. 기업화된 대규모 농장들은 단일 작물과 가축을 고도로 기계화된 방법을 통하여 대량 생산하고 있다. 이러한 대량 농업 생산은 농지확보를 위한 산림파괴와 화학비료, 단일품종 경작으로 인한 토양훼손을 초래하고 있다.

가축의 대량 사육은 배설물로 인한 대량의 온실가스(메탄가스) 배출을 야기하고 있다. 이는 산림 파괴와 토양 훼손으로 인한 숲의 이산화탄소 흡수 기능 약화와 함께 대기 중 온실가스 증가에 큰 영향을 주고 있다. 대량 농업 생산은 광범위한 지역에 많은 양의 농약을 살포하는 해충방제 작업이 필수적이다. 이로 인한 독성물질 잔류 피해도 심각한 수준에 이르고 있다.

생산

현대의 대량 생산체계를 위해서는 대규모의 집중화된 에너지원이 필요하다. 예로 일괄 제철소의 경우 철광석을 석탄과 함께 녹여 쇳물을 만들고 이를 가공하여 강철을 만드는 과정에서 대량의 집중화된 에너지가 필요하다. 이 에너지를 생산하기 위하여 대규모 발전설비를 건설해야 하며, 특별한 지역적 제약이 없고 쉽게 원료 확보가 가능한 화석연료를 사용하는 발전소들이 많이 지어졌다. 화석연료 기반의 발전설비는 온실가스배출, 대기오염, 그리고 자원고갈 측면에서 지속가능성에 나쁜 영향을 미치고 있다.

생산 과정에서 효과적 공정을 위하여 독성 화학물질을 사용하는 경우가 발생하며, 대량생산의 경우 그 영향이 더욱 확대될 수 있다. 예로 가죽처리 공정을 효과적으로 하기 위해여 중금속이 들어있는 화학물질을 사용할 수 있으며, 이는 생태계와 인간에 축적되어 다양한 질병을 일으킬 수 있다. 효과적인 제품생산 공정을 위하여 다양한 화학물질들이 새로 개발되어 사용되고 있지만, 새로운 물질의 환경과 인체에 대한 영향은 극히 일부만 알려져 있거나, 이미 사용된 후에 알려지는 경우가 대부분이다.

생산 과정에서 다양한 폐기물이 발생할 수 있으며, 독성이 없더라도 그 양이 지나치게 많아지면 생태계가 처리할 수 있는 용량을 넘게 되어 자연의 균형을 깨뜨리게 된다. 예로 대량의 유기물을 하천에 방류하게 되면 미생물이 폭발적으로 발생하고, 이로 인해 이 하천은 물고기가 살 수 없는 죽음의 생태계로 변하게 된다.

포장과 배송

생산된 제품은 다양한 교통수단을 이용하여 전 세계의 수요처로 이동하게 된다. 현재 대부분의 교통수단은 화석연료를 사용하고 있으므로 이동이 많고 이동거리가 멀수록 자원고갈, 온실가스 배출, 그리고 환경오염 측면에서 나쁜 영향을 미치게 된다. 현재 소비시장이 세계화되어 있어 국가 간 상품의 교환이 활발하다. 또한 치열한 시장 경쟁으로 비행기와 같은 화석연료 기반의 대량 신속 배송체계를 이용하는 경우가 많아 자원고갈과 환경오염 문제를 더욱 악화시키고 있다.

그림 7-4 물류전문 기업인 FedEx 사의 화물운송용 항공기의 최신 기종인 Boeing 777기의 모습을 보여주고 있다. 반도체를 비롯한 다양한 제품들이 항공기를 이용하여 이송되고 있으며, 항공기는 특히 온실가스 배출이 높은 운송수단으로 알려져 있다.(출처 http://online.wsj.com 2010)

사용과 유지보수

생산 과정에서도 다양한 환경 문제가 발생할 수 있지만 소비자의 제품 사용 과정에서도 상당한 수준의 환경 부담이 발생하게 된다. 예로 애플사의 지속가능리포트에 따르면 천연자원 채취를 포함한 제품 별 전체 온실가스 배출량의 53%를 제품 사용과정에서 배출하는 것으로 나타났다. 예로 1998년도 15인치 아이맥 컴퓨터의 경우 사용 시 시간당 84.63g의 CO_{2e}를 배출하며, 이는 60와트 백열전구 두 개 정도가 발생시키는 양과 비슷하다. 반면에 2009년형 아이맥의 경우 약 50% 온실가스 배출량을 감소시켜 수명주기 동안 온난화 영향을 대폭 낮추었다. 그러므로 제품의 사용과정에서 환경에 많은 부담을 주고 있으며, 적절한 기술적 대책을 통해 이 부담을 상당부분 경감시킬 수 있다는 것을 알 수 있다.

폐기

현재 대량 소비된 제품들은 매립하거나 소각하는 방식으로 폐기하고 있다. 두 방식 모두 환경과 자원낭비 측면에서 많은 문제점을 가지고 있다. 단순 매립의 경우 토양의 미생물을 이용하여 폐기물을 자연 분해시키려는 노력으로 볼 수 있다. 하지만 분류되지 않은 쓰레기 중의 분해되지 못하는 물질은 장기간 잔류되어 환경에 피해를 줄 수 있다. 혹은 독성을 가진 물질들이 포함되어 환경에 피해를 줄 수도 있다. 매립의 가장 큰 문제는 이러한 여러 가지 물질이 혼합된 쓰레기가 너무 많이 발생하여 자연환경의 균형을 깨고 황폐화 시키고 있다는 점이다. 아울러 관리가 잘못될 경우 쓰레기 침전물 중의 환경에 문제가 되는 물질이 외부로 누출되어 토양과 수자원을 오염시킬 수 있다.

쓰레기 소각의 경우 대기오염 가능성과 다양한 독성 물질 발생문제가 있다. 소각과정에서 발생하는 것으로 알려진 환경 호르몬은 우리 몸에서 가짜 호르몬의 역할을 하게 되어 극히 적은 양에도 생체에 치명적인 영향을 미치는 것으로 알려져 있다. 이 외에도 제품에 포함되어 있던 다양한 화학물질이 소각

과정에서 대기를 통해 확산돼 환경과 인간 건강에 많은 영향을 미칠 수 있다.

그림 7-5 캐나다 온타리오 주의 한 쓰레기 매립장의 모습이다.(2008년 8월) 다양한 종류의 쓰레기들이 분리되지 못한 체 매립을 기다리고 있다.(출처 http://wikipedia.org 2010)

자원소비 측면에서 매립이나 소각 모두가 다양한 처리과정을 거쳐 얻은 귀중한 자원을 낭비하는 과정으로 볼 수 있다. 폐기물을 통하여 많은 양의 귀중한 자원들이 사용되지 않고 버려지고 있다. 이는 처음 제품을 개발하는 과정에서 효과적인 재활용을 고려하지 않았기 때문에 생기는 문제이다.

재활용

환경보호와 자원고갈 방지를 위하여 가장 쉽게 생각할 수 있는 대응은 적게 사용하고, 재생하고 재사용하는 것이다. 이는 환경적 효율을 주창하는 Reduce, Recycle, 그리고 Reuse(줄이고, 재생하고, 재사용하자)라는 표어에 잘 나타나있다. 이 접근법은 몇 가지 문제를 내포하고 있다.

우선 생산과 사용을 줄이는 활동은 단기적으로 환경과 자원 확보에 도움을 줄 수 있지만, 현재의 일방적 화석연료 기반 생산 체계를 바꾸지 않는다면 파국적 결과에는 큰 변화가 없다. 재활용 또한 효과적 재활용을 고려하지 않고 설계된 현재의 제품으로써는 그 효과가 제한적일 수밖에 없다. 현재의 제품들은 서로 다른 특성을 가진 재료들이 혼합된 상태로 폐기되며, 이를 구분하는 것이 매우 힘들게 되어 있다. 그러므로 일종의 불순물이 들어간 상태에서 재생되는 재료들은 그 품질이 떨어지게 되어 품질이 낮은 하급 제품 생산에 사용되게 된다. 그러므로 재활용 체계를 구축하고 이를 고려한 제품이 개발되어야 효과적인 재활용이 가능해질 수 있다.

제품수명주기의 예로 다음 그림은 가정용 세제의 원료공급에서 사용 후까지의 각 단계를 보여주고 있다. 제일 위층의 요소들은 수명주기 동안 제품에 투입이 되는 원료들을 나타내고 있다. 중간층은 제품의 수명주기를 나타내고 있으며, 생산, 배송, 그리고 고객사용 과정으로 구성된 것을 알 수 있다. 하위층은 제품수명주기 동안 배출되는 폐기물을 나타내고 있다.

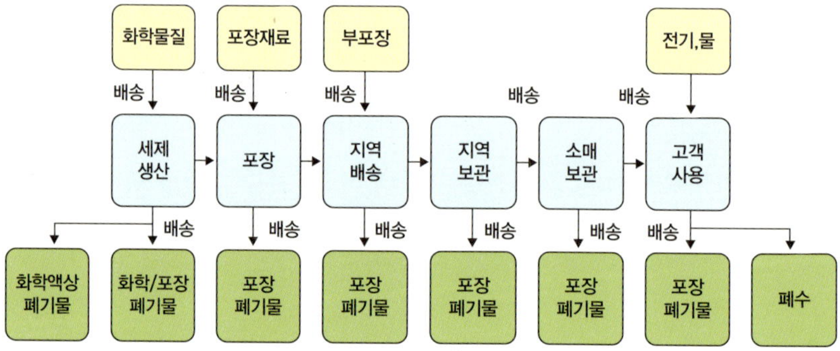

그림 7-6 가정용 세제의 수명주기 동안 환경영향을 보여주는 그림이다.[Carbon Trust 2008]

이 제품의 경우 가정용 세제이기 때문에 비교적 단순한 생산과정을 거치며, 포장과 배송을 하는 과정에서 포장 폐기물이 자주 발생하고 있다. 또한 세제의 특성상 사용 시 전기와 물을 사용하고 사용 후 폐수를 발생시키고 있다. 이렇게 조사된 수명주기를 통하여 제품이 생산에서 폐기까지 환경에 끼치는 영향을 상세히 조사 분석할 수 있으며, 이 분석 자료는 제품의 환경 영향을 개선하는데 유용하게 사용될 수 있다.

3. 지속가능 제품의 수명주기

이상적인 지속가능제품은 수명주기를 통하여 자원을 고갈시키지 않고 환경에 피해도 주지 않는 제품을 뜻한다. 이를 위해서는 닫힌 수명주기와 재활용을 고려한 제품들이 만들어져야 한다.

한 가지 접근 방법은 제품 생산을 위한 자원을 감소시키고 재활용을 통하여 폐기물을 줄이는 방법이다. 이를 제품수명주기와 자연환경과의 관계에서 본다면, 자연으로부터 재료채취의 양을 감소시키고, 수명주기 각 과정에서 생성되는 폐기물의 양을 줄이는 것이다. 이 방법은 자연환경과 제품수명주기의 연관관계를 감소시켜 가능하면 제품수명주기를 자연으로부터 닫는 것이다. 그러나 제품수명주기 동안 자연과의 물질과 에너지 흐름을 완전히 닫을 수 없으므로, 환경파괴와 자원고갈의 시간을 늦출 뿐 근본적인 치료책을 제공하지 못하고 있다. 아울러 이 방법은 인간과 자연의 기본 성향인 풍요로운 소비 성향에도 반한다.

또 다른 접근 방법으로 지구상의 제한된 재료를 순환시켜 풍성하고 활발한 생태계를 유지하는 자연의 특성을 본뜬 Cradle to Cradle(요람에서 요람으로) 방법론이 있다. 이 방법에 비하여 현재 제품수명주기는 Cradle to Grave(요람에서 무덤으로) 방법론으로 볼 수 있다. 현재 제품들은 사용이 끝나면 폐기되고 이는 다른 제품을 생산하는데 사용되지 못하게 된다. 비록 재품에 사용된 재료가 재활용되더라도 혼합되어 있는 다른 물질들 때문에 그 품질이 점차로 떨어져 결국은 폐기물이 되게 된다. 즉 제품 전체나 제품의 일부가 자연과 다른 제품으로의 순환 고리 밖으로 누출되게 되어 있다. 이 누출되는 부분으로 인하여 환경오염이 발생하고 자원의 손실이 생겨, 환경오염이나 자원고갈 문제가 생기게 된다. Cradle to Cradle 개념을 설계에 적용한 제품들은 이 순환 고리가 완전히 닫히게 되어 자연과 같이 폐기물이 없이 자원의 무한한 재활용이 가능하게 된다. 그러므로 모든 생산이 Cradle to Cradle 방식을 따른다면 인류는 환경오염과 자원고갈에서 해방되어 지속적으로 풍족한 소비생활을 향유할 수 있게 된다.

Cradle to Cradle 개념을 실현하기 위해서는 다음과 같은 특성을 가지는 제품을 개발하는 것이 필요하다.[McDonough and Braungart 2002]

Cradle to Cradle 개념이 적용된 제품의 개발 방법:

- 생물학적 물질대사를 이용하여 자연분해 가능 제품설계(생물학적 영양분)
- 기술적 물질대사를 통한 재활용 가능 제품설계(기술적 영양분)
- 생물학적 물질대사와 기술적 물질대사에 참여하는 물질 분리
- 효율적 재활용을 위한 친환경 대여Eco-leasing 제도 실시

Cradle to Cradle 개념에서는 생물학석 순환이 가능한 재료를 사용하여, 사용된 재료가 자연의 생물학적 물질대사를 이용하여 완전히 분해되어 다른 생물의 먹이로 사용되도록 한다. 그러므로 이때 재료를 생물학적 영양분으로 부른다. 이 경우 제품에는 생분해가 가능한 재료를 사용해야 하며, 동시에 분해가 어렵거나, 유독성이 있는 인공 화학 물질을 사용하지 않아야 잔유물이 남지 않고 자연에 완전 환원되게 된다. 이를 위해서는 천연재료나 인공 유기물을 사용하여 제품을 개발하여야 한다.

생물학적 물질대사가 가능한 재료의 사용 예로 Biosphere Industries사가 개발한 Renew-A-Pak 포장재를 들 수 있다. 이 용기는 소비자가 조리해야 하는 반제품 형태의 빵 용기로 사용되며, 일반 오븐이나 전자레인지에서 사용가능하다. 기존의 조리용 제품들은 조리를 위한 일회용 알루미늄 박 재질의 용기와 저장과 배송을 위한 종이나 비닐 용기를 이용하여 중복 포장 하였다. 이들 알루미늄과 종이, 비닐 포장은 고객이 조리를 한 후 모두 폐기되어야 할 재료이다. 하지만 Renew-A-Pak 포장재는 포장뿐만 아니라 오븐과 전자레인지에 조리가 가능한 재료를 사용하였고, 이 재료는 제조과정에서 환경에 무해하고, 사용 후 생분해 가능한 특성을 가지고 있다. 그러므로 이 새로운 용기는 사용자가 포장을 제거할 필요 없이 그대로 오븐에서 조리하므로 편리할

뿐만 아니라, 사용 후 생분해가 가능하므로 완벽하게 닫힌 생물학적 물질대사를 가능하게 한다.

그림 7-7 생분해 가능하고 오븐과 전자레인지 사용이 가능한 포장 재료인 Renew-A-Pak의 사용 예를 보여주고 있다.(출처 http://bestinpackaging.wordpress.com 2010)

자연에 완전히 환원될 수 없는 제품의 경우, 부품의 품질 하락 없는 재활용이 가능하도록 제품을 설계해야 한다. 부품을 재사용하거나 재사용이 불가능할 경우 순수한 재질을 유지하며 재생할 수 있도록 고려되어야 한다. 이와 같은 재생 과정을 기술적 물질대사라고 칭하며, 이때 이 재료를 기술적 영양분으로 부른다. 다른 제품을 위한 고급 재질의 부품으로 재사용될 수 있는 기술적 영양분은 기계적, 화학적 처리를 통하여 그 특성을 더욱 개선할 수 있어야 한다. 이를 위해서는 기술적 물질대사가 가능하도록 제품이 설계되어야 하며, 부품의 재사용이나 재제조Re-manufacturing를 가능하게 하는 관리 시스템이 갖추어져 있어야 한다.

생물학적 영양분과 기술적 영양분이 혼합된 제품을 개발할 경우, 두 재료를 쉽게 분리시킬 수 있도록 개발하는 것이 매우 중요한다. 만일 두 종류의 재료가 혼합되어 순환될 경우 잔유물이 없이 완전히 생분해되거나 순수한 재료를 통한 고품질 재료의 재활용이 불가능하게 된다.

그림 7-8 McDonough와 Braungart 2002년도에 출판한 'Cradle to Cradle'은 이 장에서 언급하는 Cradle to Cradle 모델을 설명한 책이다. 이 책 자체도 종이펄프가 아닌 폴리프로필렌으로 만들어져 기술적 물질대사를 통해 다른 제품을 위한 보다 고급 재료로 쓸 수 있도록 만들어졌다. 폴리프로필렌에 인쇄된 잉크는 뜨거운 물로 지워낼 수 있으며, 재료를 여러 번 재생하여도 그 품질이 떨어지지 않는다. 그러므로 이 책 자체가 기술적 물질대사를 사용한 Cradle to Cradle 모델의 좋은 예가 된다.[McDonough and Braungart 2002](출처 http://epea-hamburg.org 2010)

최근에 생산자와 사용자의 분리가 제품 사용과 폐기 과정에서 비효율을 발생시키는 원인으로 주목받고 있다. 현재 생산자는 물건을 생산하고 그 소유권을 소비자에게 넘김으로써 제품의 사용과 폐기에 대한 관리가 어려워지고 있다. 만일 생산자가 제품의 사용권만 소비자에게 넘길 경우, 생산자는 사용 후 제품에 대한 소유권이 있으므로 이에 대한 효과적 재활용을 중요시하게 된다. 그러므로 소비자에게 제품의 사용권만을 판매하는 친환경 대여Echo-leasing 제도를 도입하게 되면, 기업은 제품 재활용에 대한 동기를 가지게 되고, 제품 생산에 필요한 재활용 자원도 안정적으로 확보하게 된다. 또한 소비자는 불필요한 사용 후 제품의 소유권을 구매하지 않으므로 저렴하게 제품을 구매할 수 있게 된다.

친환경 대여 제도의 예로 Interface 사의 카펫 대여제도를 들 수 있다. Interface 사는 Evergreen이라는 카펫 대여 제도를 운영하고 있다. Interface 사는 고객에게 카펫 재료 자체는 대여를 하고 이를 설치, 변경, 그리고 제거하는 서비스를 제공한다. 그리고 사용된 카펫재료를 매립하지 않고 재활용하는 책임은 Interface 사가 가지게 된다. Interface 사는 카펫을 재활용하기 위하여 카펫의 섬유부분과 안감을 안전하게 분리하는 기술과 섬유로 사용된 나일론을 재생하는 안전한 기술을 개발하고 있다.

그림 7-9 Interface 사의 Evergreen 프로그램 소개 책자로 이 프로그램은 지속가능성을 위하여 수명 후(End of Life) 책임을 생산자가 지는 친환경 대여제도의 일종이다.(출처 http://interfaceflor.com 2010)

Cradle to Cradle 모델의 적용은 재설계나 재활용 시설의 설치로 초기 비용이 필요하지만 폐기물 처리 비용 감소와 에너지 효율 증대 등으로 지속적인 비용 절감효과를 누릴 수 있다. 아울러 환경 규제와 환경 비용 증가에 따라 앞으로 더욱더 경제적 효과가 높아질 것으로 예측된다. 비용 측면의 이익 외에도 친환경 제품을 시장에 제공하게 되어 제품경쟁력이 높아지게 된다. 현재 소비자들의 제품에서 친환경 가치를 선호하는 현상이 강해지고 있으며, 이는 친환경 제품의 시장 경쟁력을 높여주기 때문이다. 그러므로 Cradle to Cradle 체계를 구축하기 위한 노력은 기업 내외부적으로 지속적인 이익을 가져오게 된다. 내부적으로는 친환경 정책으로 인한 기업 구성원의 자부심과 충성도가 높아지며, 외부적으로는 소비자와 투자자의 친환경 기업으로서의 인식이 높아져, 시장이나 투자에서 유리한 위치를 차지할 수 있다.

수명주기평가 소개

수명주기평가Life Cycle Assessment란 제품이 전 수명주기 동안 환경에 주는 영향을 평가하는 기술을 뜻한다. 수명주기평가의 중요한 응용 분야는 제품이나 프로세스의 효과적 개선을 위하여 제품 수명주기 각 단계의 환경에 대한 부담을 분석하는 것이다. 그러므로 수명주기평가는 제품의 환경 영향에 대한 의사결정을 지원하는 중요한 도구로 사용되고 있다.

환경경영시스템 표준인 ISO 14000 시리즈는 ISO 14040과 14044에 수명주기평가에 대한 표준을 제시하고 있다. ISO 14040은 기본 원칙과 프레임워크를 ISO 14044에는 요구사항과 지침을 제공하고 있으며, 이 안에는 수명주기평가의 목표와 범위, 절차, 그리고 분석방법 등이 서술되어 있다.

수명주기 평가는 다음과 같은 4단계로 나누어져 있다.

수명주기평가의 단계:

단계 1: 평가 조사를 위한 목표와 범위 결정

단계 2: 제품수명주기 모델과 입출력자료 조사

단계 3: 입력과 출력사이의 환경적 관계 이해

단계 4: 조사 결과의 해석

ISO 표준은 수명주기평가 조사를 위한 목표와 범위결정에서 응용 분야와 보고대상을 구체적으로 서술하도록 되어 있다. 또한 평가 조사가 필요한 이유에 대하여도 구체적으로 표시하도록 하고 있다. 수명주기평가가 많은 시간과 자원의 투자를 필요로 하는 어려운 작업이므로 가능하면 대상을 단순화할 필요가 있다. 그러므로 범위결정에서는 환경에 영향을 미치는 모든 부분을 포함시키지 않고, 중요도에 따라 선택적으로 포함시킬 수 있다. 예로 제품수명주기 동안에 입력이 되는 물질의 양이 매우 소량일 경우, 이 물질의 평가는 조사

대상에서 제외시킬 수 있다.

수명주기평가에서 가장 중요하고 어려운 단계는 제품수명주기 동안 입력과 출력 자료를 조사하고 결정하는 단계이다. 이 과정에서 입출력 자료의 목록이 생기는데 이를 수명주기 목록Life Cycle Inventory이라고 한다. 수명주기목록은 크게 두 가지 종류로 나누어지는데 하나는 시스템을 모델링 하는데 직접적으로 필요한 직접자료Foreground Data이고, 다른 하나는 공용 물질 데이터베이스 등에서 얻을 수 있는 배경자료Background Data이다. 직접자료의 경우 현재 대상이 되는 특정 수명주기에 필요한 자료이므로, 별도의 조사과정을 거쳐 결정해야한다. 반면에 배경자료의 경우 재료, 에너지, 운송, 그리고 폐기 과정에 관련된 일반적인 자료이므로 공공 데이터베이스 등을 통하여 확보할 수 있다. 직접자료를 조사하기 위해서는 수명주기에 참여하는 협력업체나 기관의 도움을 받아야한다. 이때 주로 쓰는 방법이 설문지를 이용한 방법이다. 설문지는 간접적인 방법이므로 피 설문자와 피 설문기관의 상태를 충분히 고려하여 작성해야만 만족할 만한 효과를 얻을 수 있다.

입력과 출력사이의 환경에 관련된 관계를 설정하고 평가하므로 써 수명주기 동안 제품이 환경에 미치는 영향을 평가할 수 있다. 이 과정을 수명주기 영향평가Life Cycle Impact Assesment: LCIA라 부르며 환경영향범주 선택, 분류Classification, 특성화Characterization, 그리고 정규화 단계로 구분하고 있다. ISO 표준에서는 분류와 특성화를 수명주기 영향평가 과정에서 꼭 실행해야 할 과정으로 분류하고 있으며 정규화는 추가적으로 실행할 수 있는 과정으로 정의하고 있다.

환경영향범주는 제품이 수명주기 동안 영향을 주는 분야를 뜻하며, 종류로는 지구온난화, 자원고갈, 오존층 파괴, 산성화, 광화학적산화물 생성, 부영양화, 생태계 독성, 그리고 인체독성 등이 있다. 분류는 환경영향 범주에 따라 목록 데이터를 분류하는 것으로 하나의 입출력 목록이 하나의 환경영향범주에 속할 수도 있고, 혹은 다수의 영향범주에 속할 수도 있다. 예로 이산화황은 산성화와 인체독성 환경범주에 모두 속하는 수명주기 목록이 될 수 있다.

특성화는 환경영향 범주 내에서 목록 데이터의 영향을 모델화하는 것이다. 이때 기준이 되는 물질을 이용하여 상대적 영향을 수치화하게 되는데, 다양한 온실가스를 이산화탄소를 기준으로 지구온난화에 대한 상대적 영향을 계산한 CO_{2e}를 그 예로 들 수 있다.

화학성분	지구 온난화 지수
이산화탄소	1
메탄	21
아산화질소	310
수소불화탄소	1,300
과불화탄소	7,000
육불화황	22,000

표 7-1 이 표는 지구온난화 환경영향범주에 속하는 목록들을 특성화하는데 사용되는 지표를 보여주고 있다. 예로 메탄의 경우 1g이 배출되면 이산화탄소의 21배 온난화 효과가 있으므로 21g CO2e로 수치화된다.

마지막 단계인 조사결과의 해석은 의뢰자에게 영향평가 결과를 결론과 조언 형태로 전달하는 과정을 뜻한다. 이 과정에서도 결과 해석의 투명도를 확보하기 위한 추가적 기법들이 적용될 수 있다.

수명주기평가 예 – 탄소배출이력 평가

수명주기평가는 매우 복잡하고 많은 시간을 투입해야 하는 대규모 작업이다. 그러므로 이 책에서는 수명주기평가의 예로서 온실가스배출량을 단일 지표로 사용하는 탄소배출이력Carbon Footprint 평가방법을 설명한다. 실제 이산화탄소를 비롯하여 여러 가지 종류의 기체가 온실 가스로써 지구온난화에 영향을 미치고 있다. 하지만 탄소배출이력 평가방법에서는 모든 온실가스를 가중치를 이용하여 이산화탄소 배출량으로 변환시킨 CO_{2e}라는 단일 지표를 사용하므로 써 쉽게 지수를 계산하고 비교할 수 있다. 탄소배출이력은 지구온난화의 주범인 온실가스 배출에 관련된 제품수명주기 평가로써 기후협약 및 탄소배출량 제한 규정 등에 필요한 중요한 정보를 제공하고 있다. 이 책에서는 탄소배출이력 중에 각 제품의 수명주기에 중점을 둔 제품수준 탄소배출이력 Product Carbon Footprint 평가 방법인 BSI PAS2050 표준을 소개하고, 간단한 예를 통하여 탄소배출이력을 계산하는 방법을 설명하겠다.

BSI PAS2050:2008은 영국에서 개발하여 2008년 제정된 제품수준 탄소배출이력 생애주기평가방법에 대한 표준A Standard for Product Level Carbon Foot Print Life Cycle Assessment이다. 제품수준 탄소배출이력은 PCFProduct Carbon Footprint 또는 Product Carbon LCA로 표현하며, 제품을 포함한 기업 전체를 대상하는 기업수준 평가인 Company Carbon LCA와 대비된다. 그러므로 PAS2050은 제품수준 탄소배출이력 측정방법에 대한 영국표준으로 볼 수 있다.

PAS2050은 제품수준 탄소배출이력에 대한 선도적인 표준이며, 영국정부가 2001년 설립한 Carbon Trust사(http://.carbontrust.com)는 이 표준을 통한 다양한 산업체 적용 해법과 경험을 보유하고 있다. 또한 이 방법론과 경험을 바탕으로 제품에 탄소배출이력을 표시하여 소비자가 이를 고려하여 구매를 할 수 있게 하는 탄소라벨Carbon Label 서비스를 제공하고 있다.

PAS2050은 탄소배출이력 측정 과정을 다음과 같이 계획, 실행, 그리고 후처리로 나누고 있다.

계획: 목표설정, 대상 제품 및 기능단위The Functional Unit 결정, 공급자 참여

실행 – 탄소배출이력 계산:

단계 1: 프로세스지도Process Map 작성

단계 2: 대상범위와 계산 대상 우선순위결정

단계 3: 자료수집

단계 4: 탄소배출량 계산

단계 5: 확률모형 고려(선택사항)

후처리: 결과검증, 탄소배출 감소활동, 탄소배출량 공지 및 탄소감소 주장

탄소배출이력 평가 예 – 크루아상 빵의 예

PAS2050 표준을 참고로 제품수준 탄소배출이력을 계산하는 간단한 예를 소개한다. 대상 예제는 PAS2050 Guide에서 소개한 크루아상croissant의 예[BSI 2008]를 참고로 작성되었으며, 필요에 의해 몇 가지 내용을 변경하였다.

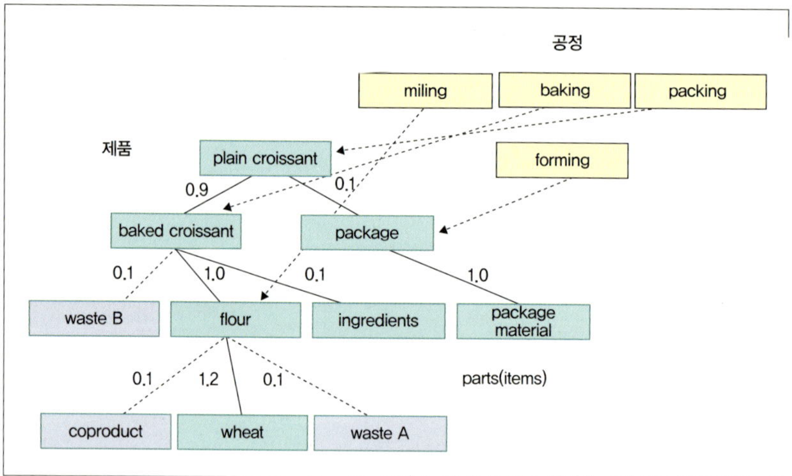

그림 7-10 탄소배출이력계산 대상 예제([BSI 2008]의 예 변경)

탄소배출이력 계산에 참여하는 요소들은 부품Parts, 제품구조, 그리고 공정Routing● 으로 구성된다. 예의 그림 좌측에 보이는 plain croissant은 고객이 선택할 수 있는 특별한 부품으로 보통 제품으로 부르게 된다.

●Croissant은 식료품이므로 재료, 중간재, 그리고 조리과정 등의 용어가 적합하지만 일반적 제품을 염두에 두어 부품, 제품구조, 그리고 공정 등의 제조업에 적합한 용어를 사용하였다.

제품 아래에는 이를 구성하고 있는 부품(재료)들이 구성관계Constituent Relationship로 연결되어 있다.(실선) 제품구성관계에는 단위 조립부품(중간재)을 만들기 위한 부품의 수요량Quantity per이 정의되어 있다. 예에서 plain croissant 1단위를 만들기 위해서는 backed croissant 0.9 단위와 package 0.1 단위가 필요하다. 이 제품구성관계는 부품사이에도 일반적으로 적용되어 제품구조Product Structure를 이루게 된다. 예로 backed croissant 조립품은 flour와 ingredients 부품으로 구성되어 있으며 이를 위해 각 부품과 조립품 사이에 제품구성관계로 연결된 제품구조를 이루고 있다.

제품구조에서 실선으로 표시된 구성관계 외에 점선으로 표시된 부가생산 관계By-production Relationship가 존재한다. 부가생산관계는 조립부품과 조립부품 생산 시 발생하는 부산물이나 폐기물간의 관계를 표현하고 있다. 이 관계가 표현되어야 하는 이유는 탄소배출이력 계산 시 각 공정별 생산되는 제품 외에도 부산물이나 폐기물 처리과정의 탄소배출이력도 계산해야 하기 때문이다. 예에서는 flour 1 단위를 만들기 위해서는 각 0.1 단위의 부산물coproduct과 폐기물waste A이 생성되는 것이 부가생산관계로 표현되어 있다.

그림의 우측 상단에는 제품을 만드는 과정을 표현하는 공정이 표시되어 있다. 현재 공정은 milling, baking, forming, 그리고 packaging으로 구성되어 있으며 공정의 최종결과 부품을 점선 화살표로 연결하고 있다. 예로 milling의 결과로 flour가 생성되며, packaging의 결과로 plain croissant이 생성된다.

예에서는 PAS2050에서 제안한 계획, 실행, 그리고 후처리 단계 중에, 계획의 대상 세품 및 기능단위 결정 단계, 실행의 프로세스 지도 작성(단계1), 탄소배출량계산(단계4) 만을 다루게 된다. 또한 예에서 사용한 자료는 모두 계산 방법을 보여주기 위한 가상의 자료이다.

대상제품 및 기능단위 결정 – 대상제품으로 plain croissant을 선택하였고, 기능단위Functional Unit는 무게단위인 톤으로 결정하였다. 즉 최종제품인 plain croissant의 단위는 톤이며 제품구조상에 표현된 숫자는 상위 부품 1단위를 생성하는데 필요한 하위 부품의 소요량을 뜻한다. 예로 plain croissant 1톤은 0.9톤의 baked croissant과 0.1톤의 package로 구성되어 있다.

프로세스 지도 작성-실행의 첫 번째 단계인 프로세스 지도Process Map는 milling, baking, forming, 그리고 packaging을 포함한 공정Routing으로 표현되어 있다.

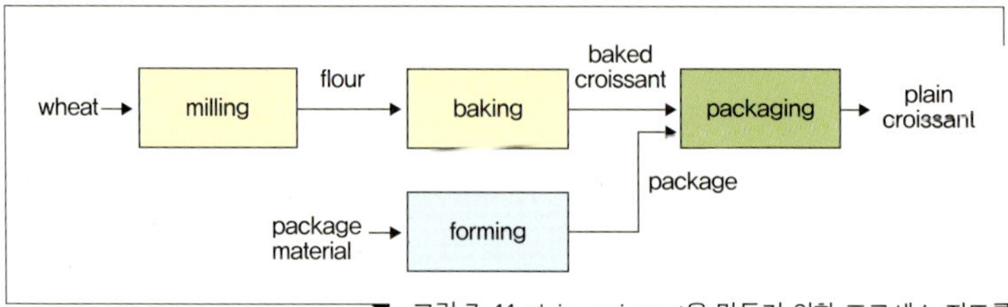

그림 7-11 plain croissant을 만들기 위한 프로세스 지도를 보여주고 있다.

탄소배출이력 계산-탄소배출이력을 계산을 위해서는 계산에 필요한 속성attribute들이 정해져야 한다. 재료에 의한 배출량 계산을 위해서 원재료인 경우와 폐기물Waste의 경우 서로 다른 속성이 필요하다.

원재료

{단위량 생산 시 발생하는 CO_2, transportation( )}

단위량 생산 시 발생하는 CO_2는 해당 부품을 1 단위 생산하는데 배출되는 온실가스 양을 나타내며 기존에 구축된 배출지수 데이터베이스Emission Factor Database를 참조하여 표시할 수 있다. transportation( )은 단위 부품 이동시 배출되는 온실가스 양에 대한 함수로써 입력변수는 거리, 차량종류, 왕복여부, 운송량 등이 포함되며 단위량 이송에 따른 탄소배출량을 출력해 준다.

폐기물

{단위량 폐기 시 발생하는 CO_2, transportation( )}

단위량 폐기 시 발생하는 CO_2는 부산물을 1단위 폐기하는데 배출되는 온실가스 양을 나타내며, 폐기를 위한 이동이 필요하므로 역시 transportation( ) 함수를 이용하여 이동 시 온실가스 배출량을 계산한다.

속성이 조사되면 탄소배출량을 계산할 수 있는데 이는 원 재료에 의한 배출과 공정에 의한 배출로 나누어 계산할 수 있다.

탄소배출이력 = 원재료에 의한 배출이력 + 공정에 의한 배출이력

재료구성 측면에서 탄소배출량은 재료의 생성과 운반에서 발생하는 탄소 발생량을 계산하면 된다. 예에서 flour 1단위를 생산하기 위해서는 원재료인 wheat를 1.2 단위 가공하며 waste A가 0.2 단위 발생하는 것을 알 수 있다. wheat 단위량 경작 시 발생하는 CO_{2e} 량은 500(kg)으로 이는 기존에 구축된 배출지수 데이터베이스를 통하여 검색할 수 있다.

wheat를 가공 장소까지 운반하기 위해 발생하는 CO_{2e} 양을 계산하기 위해서는 평균 운반거리와 기타 변수 값을 확보해야 한다. 결과로 단위 무게 당 운송 시 CO_{2e} 발생량은 10으로 계산되었다. waste A의 경우에 단위량 폐기 시 발생하는 CO_{2e} 양은 300으로 역시 배출요인 데이터베이스에서 검색할 수 있다. 이 때 검색 변수로 탄소함유량과 부패율 등을 고려할 수 있다. 폐기를 위한 운송거리 역시 원재료와 같이 계산하여 8의 값을 얻을 수 있었다.

다음으로 공정에 의한 탄소배출량을 계산할 수 있다. flour를 만드는 과정은 milling 과정으로 단위 flour를 만드는데 발생하는 CO_{2e}의 양이 2로 조사되었다.

그러므로 flour 1 단위를 만들기 위하여 발생하는 CO_{2e}의 양은 아래와 같이 계산할 수 있다.

= 1.2 * (500 + 10) wheat 수요량 * (단위 경작 시 발생량 + 단위 운송 시 발생량)

+ 0.2 * (300 + 8) 부산물 생산량 * (단위 폐기 시 발생량 + 단위 운송 시 발생량)

+ 2 wheat 1 단위 milling시 발생량

= 675.6

제품구조의 하위 부품의 탄소배출량을 기반으로 이를 하위 부품으로 가지고 있는 상위 부품의 탄소 배출량을 구할 수 있다. 예에서 계산된 flour를 하위 부품으로 가지는 backed croissant의 탄소 배출량을 계산할 수 있다. baked croissant 1 단위를 만들기 위해서는 wast B, flour, 그리고 ingredient가 각각 0.1, 1, 0.1 필요하며 각각의 단위 CO_{2e} 배출량은 305, 675.6, 410 이다. 그러므로 baked croissant 1 단위 생성을 위한 CO_{2e} 배출량은 아래와 같이 계산된다.

= 0.1 * 305

+ 1 * 675.6

+ 0.1 * 410

+ 3

= 719.905

위와 같이 제품구조를 이용하여 계산해 나가면 최종 제품인 plain croissant의 단위생산을 위한 CO_{2e}의 배출량을 계산할 수 있다.

이제까지 제품생산에서 발생하는 CO_{2e}를 어떻게 계산하는지를 설명하였다. 하지만 탄소배출이력 계산은 제품의 폐기를 포함한 전 수명주기를 대상으로 하므로 지금까지 계산에 포함되지 않은 다음과 같은 제품의 사용과 폐기 과정에서의 탄소배출량도 계산에 포함되어야 한다.

지리적으로 분포한 고객에 제품배송 과정 – 제품을 고객에게 운송해야 하므로 운송 시 발생하는 탄소배출량을 계산해야 한다. 운송수단이나 거리 등은 기존 고객의 통계적 분포 등을 통한 예측 값을 이용할 수 있다.

제품 사용전의 저장 과정-사용하기 전 제품을 보관하는 동안에 발생하는 탄소배출량을 계산하여야 한다. 예로 croissant의 경우 냉장보관을 할 경우 이때 사용하는 전기 발전을 위한 탄소배출량을 계산하여야 한다.

제품포장 제거 과정 - 제품의 포장을 제거하고 이를 폐기할 경우 발생하는 탄소배출량을 계산하여야 한다. 이를 위해서는 고객이 제품포장 폐기 방법에 대한 통계적 정보가 필요하다.

제품사용을 위한 가공이나 처리 과정-제품을 사용하기 위한 처리과정에서 발생하는 탄소배출량을 계산하여야 한다. croissant의 경우 오븐이나 전자레인지에 덥히기 위한 에너지가 소요될 수 있고 이때 온실가스 배출량을 계산할 수 있다.

제품사용 시 부산물이나 사용 후 폐기 과정-마지막으로 최종 폐기를 위한 배출량을 계산할 수 있다. 이때 폐기물 자체와 운송 시 발생하는 배출량을 계산하여야 한다.

이러한 계산을 위해서는 해당 제품에 대한 판매, 고객, 사용 및 폐기 실태 등 제품수명주기 전반에 대한 관련 자료가 미리 준비되어 있어야 한다.

제8장

지속가능 혁신

이 장에서는 기업경영에 지속가능생산을 도입하기위한 수단인 지속가능 혁신Sustainable Innovation에 대하여 알아본다. 아울러 지속가능생산을 이용하여 새로운 산업을 일으키고 국가 경쟁력을 확보하려는 각국 정부의 지속가능 성장 정책에 대해서도 알아본다.

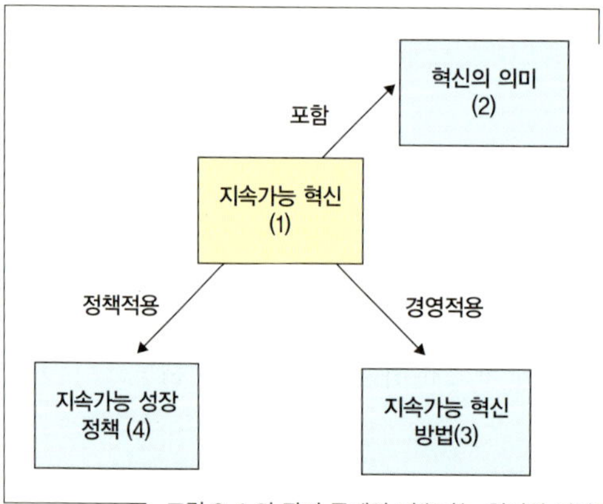

그림 8-1 이 장의 주제인 지속가능 혁신의 의미를 살펴본다(1). 지속가능 혁신은 기존의 기업 경쟁력 강화 수단인 혁신(Innovation)이 확대된 개념이므로, 기존 혁신을 이해함으로 써 보다 명확히 그 의미를 파악할 수 있다(2). 지속가능 혁신은 기업이 지속가능생산을 도입하는 수단의 일종으로 이해할 수 있다. 지속가능 혁신을 통하여 지속가능생산을 기업 경영에 도입하는 방법에 대하여 알아본다(3). 현대 국가의 부흥은 국가에 속한 기업의 성공에서 비롯된다. 그러므로 정부는 지속가능 성장 정책을 통하여 자국 기업의 경쟁력을 높이고 새로운 성장동력을 마련하려고 노력하고 있다(4).

1. 지속가능 혁신의 의미

지속가능 혁신이란 기업이 지속가능 가치를 구현하기 위한 혁신 활동을 뜻한다. 지속가능 혁신과 유사한 의미의 단어로 친환경 혁신Eco-innovation이 있다. 친환경 혁신의 영문명은 생태계를 뜻하는 'Eco'와 혁신을 뜻하는 'Innovation'이 조합된 용어이다. 에코Eco라는 용어는 지속가능성의 환경보호 의미와 호환된다고 볼 수 있다. 비슷한 의미의 용어로써 '그린Green' 또는 '친환경'이 있으며, 현재로써는 그 의미가 서로 정확히 구분되지 않고 대상 독자나 상황에 따라 각각 다르게 사용되고 있다. '에코', '그린', 그리고 '친환경' 은 주로 환경보호를 강조하는 용어지만, 지속가능성은 사회책임, 환경보호, 그리고 경제부흥을 중립적으로 표현하고 있다. 이 책에서 다루는 지속가능 혁신은 환경뿐만 아니라, 사회책임과 경제부흥이라는 지속가능성의 주요 요소를 모두 포함하므로 지속가능성을 가치로 추구하는 혁신으로 이해할 수 있다.

OECD는 친환경 혁신을 "효과를 의도했던 의도하지 않았던 '환경적 영향environmental impact'의 감축을 초래하는 혁신"으로 정의하고 있다. 즉 기존 기업들이 기업 경쟁력 강화 방안으로 추구하던 혁신에 환경적 가치를 추가한 것으로 볼 수 있다. 기존의 혁신은 새로운 상품개념, 이를 구현할 수 있는 기술개발, 그리고 시장에서의 성공을 아우르는 개념이다. 세계화되고 기술적 평준화가 이루어진 최근의 시장에서 기업은 기존의 연속적이고 점진적인 품실, 가격, 그리고 개발 기간의 개선만으로는 경쟁에 필요한 차별화를 할 수 없다. 그러므로 기업들은 상품과 서비스에 비연속적이고 급격한 변화를 가져오는 혁신 활동을 통하여 자사의 제품과 서비스를 차별화하고, 이를 통해 시장에서 경쟁우위를 점하기 위하여 노력하고 있다. 지속가능 혁신은 이러한 혁신에 환경보호와 사회책임 가치를 추가한 기업 경영 활동으로 볼 수 있다.

지속가능 혁신이 기업에 지속가능생산을 도입하는 중요한 수단으로 부상한 이유는 혁신의 속성이 현재 지속가능생산의 발전 과정상 필요한 요구를 만족시킬 수 있기 때문이다. 지속가능생산의 도입은 산업혁명 이후 지금까지 지속되어온 선형적 생산개념을 바꾸는 큰 변화를 필요로 한다. 이러한 큰 변화를 계획하고 실행하기 위해서는 전혀 새로운 시각과 계획, 그리고 실행이 필요하다. 혁신은 이러한 급격한 변화를 계획하고 유지할 수 있는 적절한 방법이다. 또한 지속가능생산에서는 사회책임과 환경보호와 같은 새로운 가치체계가 생산 활동 전체에 적용된다. 새로운 가치의 도입은 단순히 새로운 구현 방법뿐만 아니라, 생산 활동 전 과정에 걸친 새로운 평가 방법의 도입과 이를 통한 변화가 필요하다. 이러한 급격한 변화를 유도할 지속가능 혁신은 다가오는 지속가능 시대에 기업이 시장에 성공적으로 대응할 수 있게 하는 효과적 도구이다. 지속가능생산은 현재 막 시작하는 초기 단계에 있다. 이 분야를 선점하는 기업은 지속가능 시대에 일류기업으로 생존할 수 있는 주요한 교두보를 확보했다고 할 수 있다. 그러므로 지속가능생산을 극적으로 도입할 수 있는 효과적 방법인 지속가능 혁신은 미래를 대비하는 기업들이 서둘러 도입해야 할 중요한 경영도구이다.

2. 기존 혁신의 의미

혁신의 개념

지금까지 지속가능 혁신의 정의와 중요성에 대하여 살펴보았다. 지속가능 혁신은 기존의 혁신Innovation에 지속가능성의 주요 가치를 추가한 것으로 볼 수 있다. 기존 혁신의 가치에 경제적 성공이 포함되어 있으므로, 지속가능 혁신에는 사회책임과 환경보호 가치가 추가되게 된다. 그러므로 지속가능 혁신을 보다 깊이 이해하기 위하여 먼저 기존 혁신을 살펴볼 필요가 있다.

일반적으로 혁신이란 기존에 존재하지 않았던 제품이나 서비스에 대한 새로운 아이디어 도출과 이의 구현 그리고 성공적 사업화를 뜻한다. Trott는 혁신 개념을 아래의 간단한 수식을 통하여 표현하고 있다.[Trott 2005]

제품 서비스 혁신 = 새로운 개념 + 기술적 발명 + 시장개척

위의 수식에서 혁신은 새로운 제품이나 서비스에 대한 개념과 기술적인 발견 및 고안, 그리고 상업적인 개척으로 이루어져 있음을 알 수 있다. 그러므로 혁신은 단순히 새로운 제품이나 서비스를 개발하는 것이 아니라 관련된 기술, 프로세스, 그리고 전략의 변화를 뜻하며, 이는 제품과 서비스 개발 과정 자체의 변화와 밀접히 관계되어 있다. 혁신은 또한 활동의 결과뿐만 아니라 그 과정들을 모두 포함하는 개념이다.

제품혁신의 대표적인 기업 중의 하나인 3M도 다음과 같은 문장으로 혁신을 잘 표현하고 있다.

"창의성이란 새롭고 적절한 개념을 생각하는 것이며, 혁신이란 이러한 개념들을 조직 안에서 성공적으로 구현하는 것이다."

혁신의 3가지 요소

우리는 혁신의 구성요소인 새로운 개념, 기술적 발명, 그리고 시장에서 성공을 좀 더 상세히 살펴봄으로써 혁신에 대한 이해를 높일 수 있다.

새롭고 차별화된 개념 – 혁신의 시작은 새로운 개념의 발생에서 시작된다. 새로운 개념을 떠올리기 위해서는 새롭고 유효한 생각을 할 수 있는 능력인 창의력이 필요하다. 이러한 창의력은 개인적 창의력과 조직의 창의력으로 구분할 수 있다.

개인의 창의력은 유전, 교육, 그리고 환경 등에 의하여 차이가 있을 수 있다. 기업에서는 개인의 창의력을 높이려는 체계적 방법들을 사용하고 있는데, 대표적인 방법이 TRIZ라는 창의적 문제해결을 위한 체계적 방법론이다. 반면

에 조직의 창의력은 조직의 제도와 환경 등을 통하여 개선할 수 있다. 조직의 창의력을 높이려는 대표적인 방법이 건의함 제도이다. 다양한 구성원이 제품이나 서비스 전반에 걸쳐 새로운 내용을 제안하고 그에 대하여 보상하는 제도이다. 최근에는 IDEO사(http://www.ideo.com)와 같이 고도의 창의력이 필요한 기업에서는 구성원의 창의력을 최대한 발휘하도록 새로운 근무환경과 업무방법 등을 고안하고 있다.

제품개발 단계 중 상품기획 부분은 기업 내에서 가장 창의력이 필요한 분야이며, 동시에 다양한 사항을 통합적으로 고려해야 하는 부분이다. 그러므로 복잡한 제품을 개발해야 하는 자동차나 전자 회사 등은 회사의 특징에 맞추어 혁신적 제품개발을 위한 특별한 제도나 팀을 운영하고 있다. 예로 삼성전자는 전략적 상품기획을 위하여 '가치혁신 프로그램Value Innovation Program: VIP'을 운영하고 있으며, 이를 통해 혁신적인 평판 TV 등 시장에서 성공하는 제품들을 개발해 내고 있다.

새로운 기술의 발명 - 새로운 개념은 새로운 장치나 생산 과정을 요구한다. 이를 지원하는 것이 발명이며, 발명의 공적 인증인 특허는 외부 경쟁자가 시장에 진입하는 것을 막을 수 있는 장벽이 될 수 있다. 혁신 과정에서는 새로운 개념을 구현할 수 있는 발명을 포함한 새로운 방법들이 개발되어야 한다.

성공적인 시장 개척 - 혁신은 단순히 새로운 생각이나 발명 단계에 멈추어서는 안 되며, 시장에서 경제적 성공까지 거두어야 한다. 혁신적인 회사일수록 새로 개발한 제품과 서비스에서 나오는 이득이 상대적으로 높다. 그러므로 최근 5년 이내 개발한 제품의 판매가 전체 매출과 이득에 차지하는 비중을 확인하여 그 회사의 혁신 정도를 측정하기도 한다. 예로 매우 혁신적인 기업으로 알려진 3M의 경우 최근 5년 이내 개발 제품의 매출과 이득이 전체 이득의 45%에 다다른 경우도 있었다.

혁신의 배경

제품과 서비스 혁신이 각광받는 이유는 시장의 세계화 진행으로 기업 간 경쟁이 심화되고, 새로운 정보기술의 발달과 생산 전문기업의 출현으로 제품 간 차별화가 어려워졌기 때문이다.

우선 세계화된 시장 경쟁의 심화로 기업의 상품과 서비스 차별화 전략이 요구되고 있다. 인터넷을 비롯한 통신 및 교통의 발달로 전 세계 시장이 하나의 무한 경쟁 시장으로 통합되고 있다. 세계화된 시장 경쟁에서 살아남기 위하여 각 기업은 차별화된 제품과 서비스를 빠르게 출시하도록 많은 압력을 받고 있다. 기존의 대량 생산과 대량 맞춤 생산으로 시장의 요구에 대응하던 기업은 보다 차별화된 제품과 서비스를 제공해야 할 필요가 생겼다.

다음으로 정보기술 발달과 생산전문 기업 출현으로 제품개발이 쉬워지고 품질이 균일화 되고 있다. CADComputer-Aided Design, CAMComputer-Aided Manufacturing, 그리고 PLMProduct Life cycle Management등 정보기술 기반의 제품 개발 기술의 발달로 기업이 새로운 제품을 개발하고 제작하기가 점점 쉬어지고 있다. 또한 유연생산 시스템의 도입으로 적은 수의 다양한 제품을 빠르고 값싸게 생산하는 것이 가능해지고 있다. CAD, CAM, PLM, 그리고 유연생산 시스템을 통하여 정교하게 정의된 고객계층의 요구를 만족시키는 다양한 제품 변종을 빠르게 생산하여 경쟁자와 차별화 할 수 있게 되었다.

최근의 통신과 물류의 발달로 전문적으로 제품 생산만을 담당하는 기업들이 출현하게 되었다. 생산 전문기업의 출현은 공장이 없이 외부자원을 이용하여 제품을 개발하고 생산하는 가상 기업을 가능하게 하고 있다. 가상기업 출현은 규모의 경제에 기반을 둔 기업 전략을 무너뜨리고 있다. 또한 전문 생산 기업의 활용은 제품 간 품질, 가격, 그리고 납기 등 기존의 기업 간 차별화 요소를 더욱 퇴색시키고 있다. 이제는 기능, 디자인, 그리고 관련 서비스에서 차별화된 제품을 만들어야만 시장에서 성공할 수 있게 된 것이다.

대부분의 대규모 기업은 자사 제품과 서비스에 대한 혁신 작업을 상시화하고 있다. 최근에는 자체 자원뿐만 아니라 외부 전문가들의 창의력과 새로운 개념을 활용하기 위한 개방형 혁신Open Innovation개념까지 도입되어 제품과 서비스 혁신에 가속도가 붙고 있다. 이와 같은 제품혁신 가속화의 결과로 시장구분이 더욱 상세해지고, 제품의 수명주기는 더욱 빨라지고 있다.

지속가능 혁신의 재정의

지금까지 알아본 바와 같이 지속가능 혁신은 지속가능생산 구현에 적용된 혁신으로 정리할 수 있다. 이를 통하여 다음과 같이 지속가능 혁신을 재 정의할 수 있다.

'지속가능 혁신은 사회책임, 환경보호, 그리고 경제적 성공을 위하여 새로운 개념을 도출하고, 구현방법을 개발하고, 시장을 개척하는 기업 활동'

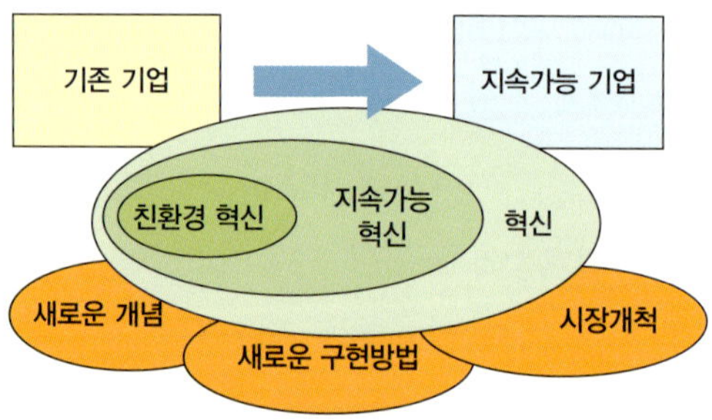

그림 8-2 지속가능 혁신이 기존 기업을 지속가능 기업으로 변화시키는 도구로서 역할을 보여주고 있다. 친환경 혁신은 지속가능 혁신 중 환경보호에 중점을 둔 혁신 활동으로 볼 수 있으며, 친환경 혁신과 지속가능 혁신은 새로운 개념, 새로운 구현방법, 그리고 시장 개척으로 이루어진 혁신활동의 일종으로 볼 수 있다.

3. 지속가능 혁신의 구현

앞에서 언급한 지속가능 혁신은 산업분야와 기업에 따라 서로 다른 형태로 진행될 것으로 보인다. 하지만 지속가능성의 발전 과정을 고려한 일반적인 구현 방법은 제시될 수 있다. 이 일반적인 구현 방법을 기반으로 각 기업은 자신의 산업과 경영 환경을 고려하여 세부적인 방향을 계획할 수 있다. 이 절에서는 지속가능생산을 구현하기 위한 혁신 방법 중의 하나를 소개한다. 이 방법[Nidumolu외, 2009]은 기업이 지속가능성에 관한 혁신을 이루기 위하여 5단계의 접근법을 제안하고 있다. 간 단계별로 기업이 실천할 수 있는 혁신의 기회를 잘 설명하고 있다.

일반 기업은 지속가능생산이 도입되면 새로운 가치 추구에 따른 추가적 비용 부담과 이로 인한 제품가격 상승으로 기업 경쟁력이 약화될 것이라는 염려를 가지고 있다. 선진 기업의 경우 상대적으로 환경규제 영향을 덜 받는 개발도상국 기업과의 경쟁에서 불리한 위치에 처할 것이라는 걱정도 하고 있다.

반면에 일부 선구적인 기업들은 지속가능생산을 시장에서 선두가 되거나 기존의 시장을 확고히 확보하는 기회로 여기고 있다. 지속가능 혁신 방법은 지속가능성 변화에 적극적으로 참여하라고 조언하고 있다. 단지 변화하는 환경에 순응하기 위하여 참여하는 것이 아니라, 기업의 이미지와 이익을 극대화하고, 시장을 선점할 수 있는 기회로 보고 적극적으로 참여하도록 독려하고 있다. 다음은 지속가능 혁신에 대한 5단계의 접근법이다.

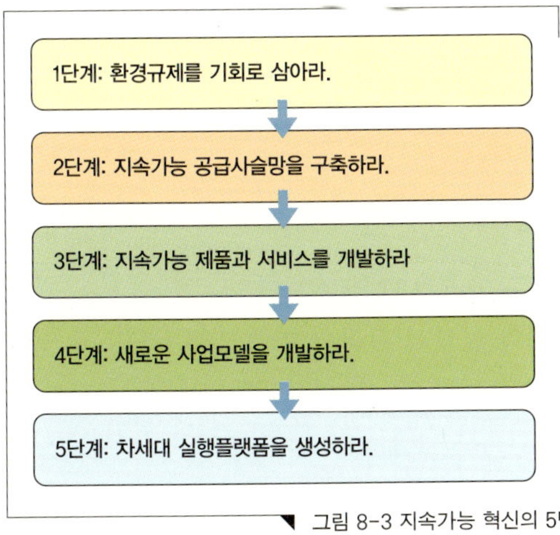

그림 8-3 지속가능 혁신의 5단계를 보여주는 그림이다.[Nidumolu외, 2009]

1단계: 환경규제를 기회로 삼아라.

첫 번째 단계로 지속가능 혁신을 위해서 환경규제 활동에 적극적으로 참여하여 기술과 시장을 선점할 수 있는 기회로 삼으라고 조언하고 있다. 이는 기업이 기술 표준화 과정에 일찍부터 참여하여 해당 기술과 시장을 선점하는 활동과 유사하다. 그러므로 환경규제를 숙제로 생각하지 말고, 정부와 사회단체 등 관련 이익당사자들과 협동하면서 규제 작성 초기부터 적극 참여하도록 조언하고 있다. 참여를 통해 변화를 예측하고 미리 대비할 수 있는 기회도 가지게 된다. 환경규제에 적극적으로 참여한 성공적인 예로는 HP사가 2006년부터 적용된 유럽연합의 '특정유해물질 사용에 관한 제한RoHS' 에 적극 참여하면서 납을 이용한 땜이 금지될 것을 예측하고, 대체 물질을 사용하는 새로운 공법을 개발한 사례를 들고 있다.

2단계: 지속가능 공급사슬망을 구축하라.

환경규제에 적극적으로 참여하여 지속가능성에 관심을 가지기 시작한 기업은 다음 단계로 기업에서 사용하는 자원을 보다 지속가능한 종류로 바꾸는데 관심을 가지게 된다. 이는 기업에 자원을 공급하는 공급사슬망Supply Chain의 지속가능성을 높이는 작업으로 자연스럽게 이어진다. 이 작업의 시작은 기업의 친환경 이미지를 높이기 위해서 시작하지만 결국은 비용절감 등의 이익과 함께 새로운 사업 기회를 얻기도 한다. 예로 Unilever사는 자사에서 사용하는 야자오일과 차는 모두 지속가능 제품으로 제한한다는 선언을 함으로써 지속가능 공급사슬망을 구축에 성공하였다.

공급사슬망을 지속가능한 상태로 구축한 후에 기업의 일상적 운영을 지속가능하게 만들어야 한다. 이는 기업의 일상적 활동이 기존의 화석연료에 적게 의존하고 에너지 효율을 높여야 한다는 의미이다. 관련하여 최근의 세계적 경제침체에도 불구하고 보다 효율적인 기종의 화물기를 새로 도입한 Fedex사의 의사결정을 예로 들고 있다. 결과적으로 Fedex사의 결정은 일상적인 업무의 효율을 높이게 되어 불황을 타계하는 계기가 되었다.

3단계: 지속가능 제품과 서비스를 개발하라.

이 단계에서 기업은 지금까지의 경험을 토대로 자사의 기존 제품과 서비스를 지속가능하게 개선하여 시장에서 경쟁사들을 따돌릴 시도를 하게 된다. 이때 대상 제품을 선택하기 위해서는 고객의 요구와 함께 7장에서 다룬 제품의 수명주기평가Life Cycle Assesment: LCA 결과를 기반으로 지속가능하게 변경했을 때 가장 효과적인 제품이나 서비스를 선택해야 한다. P&G사는 수명주기평가 결과 피복세탁을 위한 온수공급을 위해 많은 양의 에너지가 소비되어야 한다는 것을 밝혀내고, 이 문제를 해결하기 위해 상온의 물에서 세탁이 가능한 세제를 개발하게 된다. 이는 경제침체로 연료비 절감을 원하는 소비자의 요구와 맞아 떨어져 새로운 시장을 열게 된다. 그러므로 지속가능제품을 개발할 때 고객의 요구뿐만 아니라 제품의 수명주기를 면밀히 조사해야 한다. 또한 시장 진출 시 마케팅에 환경관련 사회단체들과 협조관계를 유지할 것을 조언하고 있다.

4단계: 새로운 사업모델을 개발하라.

이 단계에서는 단순히 제품과 서비스를 지속가능하게 변경하는 것이 아니라 고객에게 서비스를 제공하는 새로운 방식을 고려하여 기업의 경쟁력을 높이게 된다. 특히 이종 기업과 함께 사업모델을 구현하게 되면 전혀 새로운 형태의 기업 활동이 나타날 수 있다. 관련 사례로 Fedex가 인수한 Kinko와 함께 기존의 문서배달 서비스를 문서 파일의 전자전송과 현지 출력 및 배달로 변경한 예가 언급되고 있다. 이를 통해서 두 기업의 장점을 살리고 기존 문서배달 서비스의 효율과 질을 높이는 사업모델이 구축되었다. 또 다른 새로운 모델로 단순 쓰레기 처리 회사가 가전제품 폐기 사업으로 사업 영역을 확대한 예를 들고 있다. 이 기업은 가전 폐기물 처리 부담을 가지고 있던 가전업체와의 공동사업을 통해 상호 보완과 협력을 이룰 수 있었다.

5단계: 차세대 실행 플랫폼을 생성하라.

마지막으로 현재의 개념을 바꿀 수 있는 지속가능성이 적용된 차세대 실행 플랫폼을 구성하여야 한다. 지속가능성은 여러 가지 새로운 실행 플랫폼을 가능하게 한다. 예로 정보통신과 기존의 전력배송이 만나서 스마트 그리드 분야가 발전하고 있다. 이와 같이 지속가능성이 적용되는 새로운 분야를 찾고 이를 발전시켜야 한다. 이를 위해서는 기업 운영자의 과감한 의사결정과 능력 있는 인재의 확보가 필요하다.

위의 방법론에서 알아본 바와 같이 지속가능 혁신은 기존의 제품을 단순 변경하거나, 새로운 환경 시장에 진출하는 등의 단순하고 일회적인 기업 활동이 아니라 장기적인 계획 하에서 전사적으로 진행되어야 하는 기업 전략의 일부가 되어야 한다.

4. 지속가능 성장 정책

지속가능 성장 정책은 기업의 지속가능 혁신을 위한 법, 제도, 그리고 기초기술을 포함한 기반환경을 조성하기 위한 정부의 노력이다. 전 세계적인 지속가능 성장 정책의 부상은 국가 경쟁력을 강화시켜 다가올 지속가능 시대에 선진국에 지위를 확보하기 위한 세계 각국 정부의 의지를 보여주고 있다.

우리나라도 2008년 8월 '저탄소 녹색성장'을 국정운영의 기본 목표로 선언하고 이를 지원하는 다양한 정책을 실행하고 있다. 지속가능 성장 정책은 '저탄소 녹색성장' 목표에서 나타난 것과 같이 국가와 산업 전반에 걸쳐 온실가스를 감축하므로 써, 지구온난화에 대비하는 저탄소 정책과, 친환경 산업을 발전시켜 새로운 성장동력을 확보하는 녹색성장 정책으로 구성되어 있다.

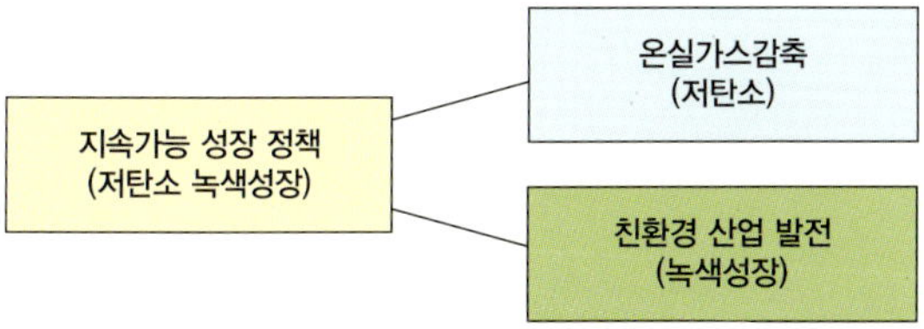

그림 8-4 우리나라의 지속가능 성장 정책의 구성은 온실가스 감축에 중점을 둔 저탄소 정책과 친환경 산업 발전에 중점을 둔 녹색성장 정책으로 구성되어 있다.

최근에는 경제 불황으로 인한 고용과 경제 활력 저하 문제를 해결하기 위하여 지속가능 관련 사회기반 시설을 개선하는 녹색 뉴딜 정책이 지속가능 성장 정책의 일환으로 실행되기도 한다. 뉴딜 정책이란 1933년 미국의 루스벨트 대통령이 공공사업 등을 통해 대공황으로 인한 높은 실업률과 경제침체를 해결한 정책을 말한다. 녹색 뉴딜 정책은 지속가능 사회를 위한 사회기반 시설이나 공공사업에 투자를 통해 미래의 지속가능 시대를 준비하고 현재의 불황도 이겨내고자 하는 정책을 뜻한다.

지속가능 성장 정책은 최근 구체화 되고 있는 기후협약에 따른 온실가스 배출량 규제에 대응하기 위하여 실시되고 있다. 이 정책의 목적은 온실가스 배출을 줄여 지구온난화로 인한 자연재해를 방지하는 것이다. 이 정책을 통해 기후협약에 따른 온실가스 배출량 규제에 대응하고, 국가 산업을 성장시키기 위해서는 산업구조를 저에너지, 저탄소 형태로 바꾸게 된다. 또한 기후협약의 발효로 발생하는 탄소 관세를 비롯한 환경 무역장벽에 대비하여 미리 관련 산업과 정책을 정비하여 미래에 필요한 경제적 성장을 유지할 수 있도록 준비하게 된다.

지속가능 성장 정책이 실시되는 또 다른 이유는 현재의 화석연료 매장량이 한계가 정해져 있고 그 가용 기한이 얼마 남지 않아 에너지 자원 확보가 긴급한 문제가 되었기 때문이다. 특히 최근 경제발전 속도가 가속화되어 자원 확보에 혈안이 되고 있는 신흥 개발도상국들의 자원 확보 경쟁은 자원 고갈문제를 더욱 부각시키고 있다. 그러므로 재생 가능한 새로운 에너지원을 확보해야만 현재의 산업발전이 지속적으로 가능하게 된다.

마지막으로 확대되고 있는 친환경 시장의 성장에 대응하기 위하여 지속가능 성장 정책을 세우고 있다. 친환경 시장은 탄소배출권 시장, 신 재생가능에너지 시장, 그리고 스마트 그리드를 비롯한 새로운 환경과 에너지 관련 시장을 포함하고 있다. 우리나라도 탄소배출권시장의 운영을 법으로 정하고 있으며, 기후협약에서도 온실가스 배출권을 확보하고 매매할 수 있는 장치를 마련하여 새로운 시장을 형성하고 있다. 세계 각지에서는 벌써 탄소배출권시장이 활성화 되고 있으며, 추후 환경기술이나 새로운 사업모델을 이용하여 탄소배출권 시장에서 이익을 얻는 기업들이 나타날 것으로 예측하고 있다.

특히 재생가능에너지 시장은 위에서 언급한 지구온난화와 화석연료 고갈과 연계되어 매우 빠른 속도로 확대되고 있는 시장이다. 풍력, 태양력, 바이오매스, 그리고 수소연료 등을 포함하는 재생가능에너지 시장은 2017년에 약 2549억 달러에 이를 것으로 예측되고 있다. 기존의 석유 등 에너지 시장이 자원의 분포와 공업화가 빠른 국가 위주로 형성되었다면 재생가능에너지는 기술과 창의력에 따라 누구든지 참여할 수 있는 시장이 되었다. 그러므로 재생가능에너지 분야에서 성공하는 국가는 다음 세대에 필요한 에너지를 공급하는 세계적 에너지 기업을 확보할 수 있게 될 것이다.

또한 거대 소비자 시장을 이루고 산업 영향력이 큰 자동차 산업은 기존의 화석연료 기반에서, 전기와 화석연료를 동시에 쓰는 하이브리드, 그리고 점차 전기나 수소연료 등을 사용한 새로운 형태의 자동차 산업으로 변화할 것으로 예측되고 있다. 이러한 근본적인 변화는 새로운 기업이 자동차 산업에 뛰어들 수 있는 기회를 열어주고 있으며, 기존의 기업들도 시장의 주도권을 차지할 수 있는 좋은 기회로 여기고 있다. 이외에도 스마트 그리드나 폐기물 활용 발전 등의 분야가 새로운 산업으로 각광받고 있으며, 각국은 정부 차원에서 관련 산업을 발전시키기 위한 연구개발에 막대한 자원을 투자하고 있으며, 제도 및 기반 시설 구축에도 많은 노력을 하고 있다.

최근 기업이 특정 산업관련 초기 기술 표준 활동에서 선도적 위치를 차지하면, 추후 열리는 해당 시장에서도 우월한 위치를 차지하는 경우가 늘고 있다. 이는 해당 기업이 표준화된 기술에 대한 다양한 지적 재산권과 경험을 미리 확보할 수 있기 때문이다. 친환경 시장도 같은 현상이 있을 것으로 예측되며, 특히 환경규제에 참여하거나 실행한 경험이 있을 경우, 기술 표준 경우와 같은 이득을 얻을 수 있을 것으로 예측된다. 그러므로 각 국 정부는 자국의 이익을 위해 환경표준이나 환경규제 개발 및 적용을 활발히 하고 있다.

아울러 앞으로의 국제정치에서 환경관련 정책이나 기술 선진국의 영향력이 더욱 강해질 전망이다. 그러므로 각 국 정부의 지속가능 성장정책의 결과는 국가의 부흥뿐만 아니라 국제 정치에서 자국의 영향력 확대에도 영향을 미칠 전망이다.

현재 전 세계 선진국들은 동시다발적으로 지속가능 성장정책을 내놓고 있다. 각국의 정책은 자국의 환경과 전략적 요구에 따라서 조금씩 다르지만, 다가올 지속가능 시대의 산업 주도권을 확보하기 위한 공통적인 목적을 가지고 있다.

우리나라의 지속가능 성장 정책은 2008년에 제시한 저탄소 녹색성장 국정방향 제시로부터 시작되었다. 방향 제시를 바탕으로 지속가능 성장의 기반을 제공하는 저탄소 녹색성장 기본법이 제정되었다. 이 법에는 저탄소 녹색성장의 개념과 탄소배출권 거래 시장 설치를 비롯한 지속가능 성장 정책의 기본 뼈대를 제공하고 있다. 또한 2009년에는 2020년 온실가스 배출 전망치 대비 30% 감축목표를 공식화하였다. 온실가스 감축목표 선언은 교토 의정서상의 온실가스 감축 제외 국가로써 구체적이고 적극적인 대응을 보여주고 있다. 이를 통해 우리정부가 기후협약에 적극적으로 대응하여 선도자로써 새로운 시장을 선점하는 전략을 채택했다는 것을 알 수 있다.

내부적으로는 저탄소 녹색성장 전략을 세우고 국가적으로 필요한 환경관련 기술들에 많은 투자를 하고 있다. 정부는 태양광, LEDLight Emitting Diode, 이산화탄소 포집 및 저장기술, 풍력, 수소연료전지 등 9개 분야를 집중 육성하여 2030년까지 친환경 에너지 분야의 세계시장 점유율을 13%까지 올리겠다는 계획을 가지고 있다. 정부는 국내총생산의 2%를 지속가능 성장 부분에 투자할 계획을 가지고 있다.

유럽연합은 새로이 펼쳐지는 지속가능 시대를 이용하여 산업혁명 이후 점차로 잃어버리고 있는 세계 경제 주도권을 다시 찾으려는 전략을 가지고 있다. 그러므로 유럽연합은 지속가능성 관련 규제와 법을 가장 활발하게 제정하고 있으며, 이를 통하여 새로운 시장을 창출하고 전 세계 지속가능성 시장의 주도권을 잡으려고 하고 있다. 유럽연합은 신재생 에너지법을 기반으로 지속가능 산업의 경쟁력 강화를 위한 정책을 펼치고 있다.

미국의 경우 환경 분야에 기술투자나 지속가능 사회를 위한 기반 제도 마련에는 늦었지만, 기존의 발달한 기초 과학기술을 바탕으로 차세대 친환경 기술 개발에 박차를 가하고 있다. 특히 미국은 지속가능생산을 이용하여 자국의 중소제조기업의 경쟁력을 다시 살리려고 노력하고 있다. 지속가능생산의 지역사회 공헌이나 지역 농산물과 재료사용 노력을 이용하여 그동안 열세를 면하지 못했던 자국 중소 제조기업의 경쟁력을 강화시키고 이를 통해 고용과 경제 활성화를 꾀하고 있다.

일본은 전통적으로 에너지 절약 기술의 강국으로서 다음 지속가능성 시대에 필요한 친환경 저에너지 핵심기술을 선정하고, 그 기술개발에 적극적으로 투자하고 있다. 중국의 경우 현재는 에너지 과소비와 공해유발 산업 단계에 있지만 장기적으로 재생가능에너지 법 등을 통해 지속가능 성장정책을 펴 나가고 있다. 중국은 자국의 거대한 수요와 생산력을 바탕으로 풍력과 태양전지 산업 등에서 수위의 기업을 성장시키고 있으며, 외국 투자 기업과의 합작을 통하여 빠르게 친환경 기술을 받아들이고 있다.

기획교양도서
환경·생태·웰빙

제4부

지속가능소비

제9장 플라스틱 용기의 재활용 표시

제10장 탄소배출이 없는 섬

제9장

플라스틱 용기의 재활용 표시

이 장에서는 지속가능 소비활동을 다루게 된다. 지속가능 소비에서는 개인 소비자 입장에서 어떻게 지속가능성의 가치를 구현할 수 있는지를 소개한다.

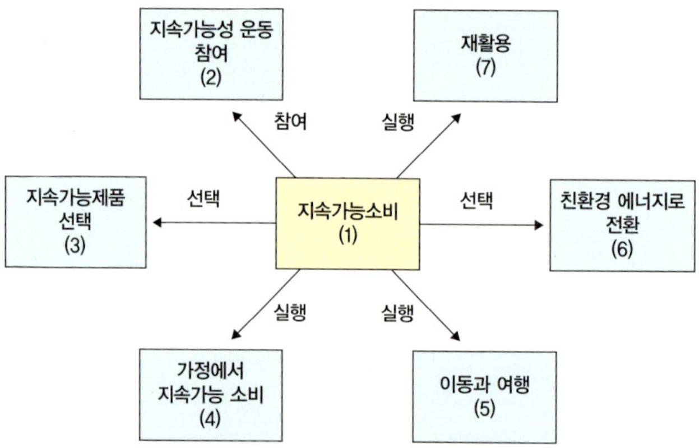

그림 9-1 이 장은 지속가능소비에 대한 설명으로 시작한다(1). 다음으로 소비자의 지속가능성에 대한 이해와 참여를 다루는 지속가능성 운동 참여를 설명한다(2). 지속가능제품 선택에서는 현명한 소비를 가능하게 하는 지속가능제품의 조건을 설명한다(3). 가정에서 지속가능소비는 가정생활에서 환경에 영향을 많이 주는 항목별로 고려해야 할 사항을 소개한다(4). 이동과 여행에서는 어떤 교통수단을 이용해야 환경에 영향을 최소화 할 수 있는지 알아본다(5). 지능적인 배전 체계와 소규모 재생가능에너지 발전 설비를 통하여 가정의 효율적인 친환경 에너지 사용이 가능해진다(6). 재활용 부분에서 종이, 유리, 그리고 플라스틱 등의 재활용을 위한 소비자의 역할을 알아본다(7).

1. 지속가능 소비란

지속가능 소비란 소비자로써 지속가능성이 제공하는 가치에 따라 제품을 구매하고, 사용하고, 폐기 혹은 재활용 하는 행위를 뜻한다. 지속가능성이 제공하는 가치는 3장에서 언급한 사회책임, 환경보호, 그리고 경제부흥을 뜻한다. 인간의 경제활동은 궁극적으로 소비자의 구매와 사용으로 완결되므로 소비는 지속가능성의 참여 역할 중에 매우 중요한 부분을 차지한다. 만일 소비자들이 지속가능 제품을 선택하지 않는다면 기업도 제품을 만들지 않을 것이며, 결국은 지속가능 사회의 도래가 어려워진다. 또한 소비자들은 제품이나 서비스 사용과정에서 에너지를 효율적으로 사용하는 역할을 하고, 사용한 제품의 폐기와 재활용에도 참여하고 있다. 그러므로 지속가능 사회에서 현명한 소비의 중요성은 아무리 강조해도 지나치지 않는다.

일반적으로 소비는 정보탐색, 구매, 사용, 그리고 폐기 단계로 나눌 수 있으며, 지속가능 소비에서는 기존의 경제성 중심의 소비활동 외에 각 단계별로 지속가능 가치를 추구하는 다양한 활동을 추가할 수 있다.[SERI, 2010]

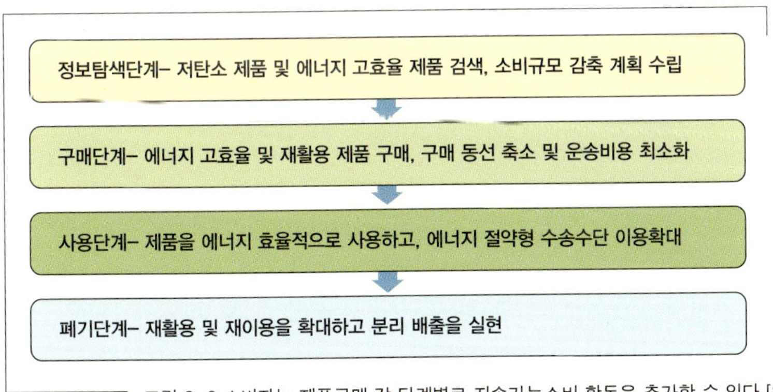

그림 9-2 소비자는 제품구매 각 단계별로 지속가능소비 활동을 추가할 수 있다.[SERI 2010]

지속가능 소비의 각 단계에서는 에너지 고효율 제품선택과 에너지 절약형 수송수단 이용확대 등 다양한 의사결정을 내리게 된다. 효과적인 의사결정을 위해서는 소비활동 전반에 걸친 지속가능성의 영향과 효과적인 대응 방법을 살펴볼 필요가 있다.

소비자의 지속가능제품에 대한 쉬운 구별과 구매 의사결정을 돕기 위해서는 적절한 제품정보의 표현과 전달 방식을 사용해야 한다. 지속가능제품을 선택하기 위하여 제품에 사용된 재료나 에너지소비를 확인하는 일은 쉽지 않다. 특히 제품의 생산과정에서 발생하는 환경문제나 사회책임 문제는 최종 제품을 통해 소비자 개인이 확인하기 어렵다. 이 때 도움이 되는 것이 부착된 환경관련 마크를 확인하는 것이다. 제품이나 포장에 부착된 환경마크를 이용하면 손쉽고 빠르게 제품의 지속가능성 속성을 파악하고 비교 할 수 있다. 대부분의 환경인증과 환경관련 표시는 제품에 특정 마크로 표시되어 있어 그 의미만 알고 있다면 제품선택에 많은 도움을 받을 수 있다. 그러므로 이 장에서 다루는 내용에 지속가능소비에 관련된 환경 마크가 있다면 이에 대한 설명을 첨부하겠다.

2. 지속가능성 운동에 참여

우선 소비자로써 지속가능성에 관심을 가지고 관련 활동에 참여 할 필요가 있다. 지속가능성 운동에 참여는 단체에 가입하여 특정 사회활동에 적극적으로 참여 할 수도 있고, 환경정책에 대한 투표 등과 같이 수동적으로 참여할 수도 있다. 그 정도의 차이는 크게 중요하지 않으며, 가장 중요한 것은 지속가능성의 필요성에 대한 이해와 행동, 그리고 지구온난화 문제를 비롯한 환경문제의 시급성에 대한 인식이다.

환경문제에 대한 시급성을 인식하고 지속가능 소비를 실천하려면 지속가능성에 대한 기본적인 이해가 필요하다. 지속가능성은 다양한 부분이 상호 연결되어 여러 가지 종합적 지식이 필요하다. 그러므로 합리적인 의사결정을 내리기 위해서는 지속가능성의 의미와 관련 내용에 대하여 어느 정도 인지하는 것이 중요한다. 특히 지속가능성은 소비자가 만나는 최종 제품에서 확인할 수 있는 속성 외에 생산 과정 등에서 확인해야할 사항이 많이 있다.(예로 제품을 생산한 기업의 사회적 책임 수행 여부는 최종 제품에서 직접 확인 할 수 없다) 그러므로 정규적인 교육이 아니더라도 독서나 시사 텔레비전 프로그램 등을 통한 올바른 지속가능성에 대한 교육이 필요하다. 가능하다면 정부나 사회단체 혹은 학교에서 제공하는 단기 강좌를 체계적으로 수강하는 것도 좋은 방법이다.

제품이나 서비스의 소비 외에도 소비자로써 할 수 있는 역할은 많이 있다. 가장 대표적인 것 중에 하나가 중앙정부나 지방정부의 환경관련 정책에 대한 의사결정에 참여하거나 이에 대한 영향력을 행사하는 것이다. 이와 같은 여론은 개인이 가지고 있는 지속가능성에 대한 생각이나 의견을 친지나 동료들에게 이야기하고, 그들이 동참할 수 있도록 함으로써 더욱 강해질 수 있다. 지속가능성에 우호적인 여론은 정치나 사회를 바꿀 수 있다. 예로 독일의 경우 환경에 대한 일반의 관심은 정치조직인 녹색당을 출발시켰고, 이 정치세력은 입법부와 정부가 환경 우호적인 정책을 실행하도록 영향을 미치고 있다.

3. 지속가능제품의 선택

지속가능제품의 선택은 지속가능성에 참여하는 소비자의 가장 중요한 역할 중의 하나이다. 지속가능제품의 구매는 일반 대중이 지속가능성을 실천하는 가장 기초적인 활동이기도하다. 소비자의 선택은 생산 입장에서 어떤 지속가능제품을 만들어야 할지를 결정하도록 해준다. 현명하게 지속가능제품을 선택하기 위해서는 이 책의 3장과 6장에서 각각 다룬 '지속가능성'과 '지속가능제품'에 대한 이해가 필요하다. 이 지식을 바탕으로 제품을 선택할 경우 다양한 측면의 검토가 필요하다. 이 검토도 역시 지속가능성의 3가지 요소인 사회책임, 환경보호, 그리고 경제부흥 가치에 기초한다. 다음은 소비자가 지속가능제품을 선택하기 위한 사회책임과 환경보호에 관련된 고려 조건들 이다.

지속가능제품을 선택하기 위한 고려 조건들:

- 재료의 효율적 사용과 유해성 여부
- 에너지 소비 효율 및 재생가능에너지 사용 가능성
- 재활용 가능성
- 생산자의 사회책임 실행 여부
- 내구제의 장기사용 가능성

재료의 효율적 사용과 유해성 여부

제품을 선택할 때 재료 측면에서 우선 고려할 사항은 최소한의 재료를 효과적으로 사용했는지에 대한 평가이다. 재료의 절약은 제품수명주기 전체에 걸쳐 제품의 환경에 대한 영향을 기하급수적으로 줄여주는 역할을 한다. 불필요한 재료를 절약하면, 재료의 채취나 제조, 그리고 폐기에서 환경에 영향을 최소화할 수 있을 뿐만 아니라 운송 및 포장 과정에서도 환경의 영향을 최소화할 수 있다. 효율적 재료사용으로 인한 부피와 무게의 감소는 운송 및 포장에서 더 많은 제품을 더 효율적으로 이동시킬 수 있게 한다. 효율적 재료의 사용은 꼭 재료의 종류뿐만 아니라 제품의 형태나 기능과도 관계가 있다. 즉 효과적인 재료 사용과 혁신적인 제품 설계는 환경 영향을 최소화하는 제품을 제공할 수 있다. 이러한 제품의 예로 6장에서 언급한 IKEA사의 a.i.r 소파를 들 수 있다. 이 소파는 헤어 드라이어 등을 이용하여 바람을 넣어 부풀리게 되어 있어, 기존 소파에 비해 최소한도의 재료를 사용했을 뿐만 아니라 운반 시에도 아주 효율적으로 이동할 수 있도록 되어 있다.

지속가능 소비를 위해서는 사용 시 발생하는 부산물이 적거나 무해한 제품을 선택해야 한다. 예로 자동차의 경우 연료를 연소시킨 후 배기가스가 부산물로 배출된다. 이 부산물이 너무 많거나 유해한 경우 환경에 부담을 주게 된다. 그러므로 부산물이 적거나 무해한 형태로 배출되는 제품을 선택해야 한다. 제품 사용을 위한 부산물로 포장 재료도 포함된다. 운송 시 제품을 보호하기 위하여 사용된 포장은 사용 전에 제거되어 부산물로 폐기된다. 최근에 시장이 국제화되어 장거리 운송이 많아짐에 따라 포장 재료의 사용량이 증가하고 있다. 그러므로 포장을 효율화하여 적은 양의 재료를 사용하고, 재사용이나 재생 가능한 포장 재료를 사용하는 제품을 선택해야 환경에 부담을 줄일 수 있다.

5장에서 다룬 RoHS와 REACH 등 유해성 화합물질의 사용을 방지하기 위한 환경규정들이 강화되고 있지만, 아직도 유해성 물질이 포함된 제품이 시장에 출시되고 있고, 사후에 사실이 밝혀져 많은 피해를 주고 있다. 6장에서 언급한 카드뮴을 포함한 어린이 장신구 예에서와 같이 개인이 이에 대한 정보를 얻기는 매우 어렵다. 그러므로 공공 매체의 환경관련 기사를 관심 있게 보아야 하며, 환경단체 등에서 제공하는 정보를 정기적으로 받을 수 있는 통로를 확보하는 것이 좋다.

에너지 소비 효율 및 재생가능에너지 사용

지속가능성을 지원하는 제품을 선택할 때 에너지 효율이 높은 제품을 선택해야 한다. 에너지 소비 효율을 표시하는 대표적인 지표는 단위 연료 당 주행거리(km/l) 혹은 단위시간당 전력사용량(kWh)이다. 수치상의 에너지 효율을 확인하기 어렵거나 상대적 비교가 필요할 경우, 에너지 소비 효율을 등급으로 표시한 환경 마크를 확인하는 것이 편리하다. 또한 가능하면 재생가능에너지를 사용하는 제품을 선택하는 것이 좋다. 만일 재생가능 에너지만을 사용했을 때 효율이 떨어지는 경우 기존의 에너지와 재생가능에너지를 혼합해서 사용하는 제품을 고려할 수 있다.

제품의 에너지 소비 효율성에 관한 평가를 위하여 주위에서 가장 쉽게 사용할 수 있는 표시는 에너지소비효율등급 표시제도에 따른 에너지소비효율등급 라벨이다. 에너지소비효율등급 표시제도는 대상 제품을 에너지 소비효율 또는 에너지 사용량에 따라 1~5등급으로 구분하여 표시하도록 하고, 에너지효율 하한선인 최저소비효율기준을 적용하는 의무 제도이다. 최저소비효율기준은 정부가 제시한 최소한의 에너지 소비 효율이므로 이 보다 효율이 낮은 제품은 제조와 판매가 금지된다. 이는 소비자들이 효율이 높은 에너지 절약형 제품을 손쉽게 식별하여 구입할 수 있도록 하고 제조나 수입업자들이 생산과 수입단계에서부터 원천적으로 에너지 절약형 제품을 생산하고 판매하도록 하는 목적을 가지고 있다.[에너지관리공단a, 2010]

그림 9-3 에너지소비효율등급라벨은 제품의 에너지소비효율등급을 1-5단계로 표시하고 있다. 1 등급에 가까울수록 에너지 소비효율이 높으며, 1등급 제품은 5등급 제품에 비하여 약 30-40%의 에너지를 절약할 수 있다. 라벨에는 에너지 효율지표가 포함되어 있다. 그림에는 월간 소비전력량이 표시되어 있다. 또한 단위 시간당 이산화탄소(C02) 배출량이 표시되어 있는데, 이는 제품의 소비 전력량만을 고려하여 계산한 이산화탄소 배출량이다. 단위 시간당 이산화탄소 배출량은 제품의 시간당 소비전력량(Wh)을 측정한 후 이 값에 시간당 이산화탄소 배출량으로 환산하는 계수인 0.425g/Wh를 곱해서 계산하게 되며, 이때 사용된 계수는 5년간 국내 전력부문 온실가스 배출계수 평균값(2010년 기준)이다.

재활용 가능성

구입하는 제품의 재활용 가능성을 확인해 보아야 한다. 재활용은 6장에서 다루었듯이 재사용, 재제조, 재생, 그리고 자연분해로 나누어 질 수 있다. 사용하는 제품이 재활용이 가능하게 설계되어 있고 재활용에 필요한 수집 장소 및 방법, 업무, 그리고 규정 등의 재활용 체계가 구성되어 있는지 확인하여야 한다.

생산자의 사회책임 실행 여부

적정한 대가를 지불하지 않고 저개발국가에서 수입한 커피, 인권유린과 잔혹행위를 일삼는 군벌들이 운영하는 광산에서 생산된 다이아몬드를 사는 것은 훔친 물건을 싸게 사는 것과 같은 부작용을 낳는다. 이는 특정 계층의 착취와 피해를 용인할 뿐만 아니라 그 체계가 더욱 공고히 되게 할 수 있다. 그러므로 구입하는 제품의 생산회사 혹은 판매 주체가 사회적 책임을 다하고 있지 않을 경우, 해당 제품을 구매하지 말아야한다. 생산자의 사회적 책임 문제는 대중 매체를 통한 관련 기사 등으로 확인할 수 있다. 아울러 환경관련 사회단체에서 생산자에 대한 지속가능성 평가 정보를 제공할 수 있다. 또한 기업들은 자신들의 지속가능성 관련 경영성과를 외부에 알리는 지속가능 보고서를 작성하여 배포하고 있다. 생산자의 사회책임 활동을 지속가능 보고서를 통하여 확인할 수 있다.

내구제의 장기사용

환경에 영향을 최소화하는 가장 좋은 방법은 기존의 제품을 장기 사용하는 것이다.(단 제품 사용과정에서 환경에 나쁜 영향을 주지 않아야 한다) 이를 위해서는 내구성이 높은 제품이 필요하다. 또한 제품의 수명을 늘리기 위해서 친환경 대여 개념이나, 유지보수 체계, 교환 및 중고매매 제도가 정비되어야 한다.

장기사용 가능 제품의 예로 FISHER 2010 MARS 볼펜을 들 수 있다. 이 볼펜은 특별한 구조를 채용하여 기존 볼펜의 36배 잉크 수명을 가지고 있다고 한다. 만일 이 볼펜을 잊어버리지 않는다면 평생 1개의 볼펜만 사용할 수도 있다.

중고매매 및 재사용 제도 예로 미국의 Goodwill Industries International 사(http://www.goodwill.org/)를 들 수 있다. 이 회사는 더 이상 사용하지 않는 물건들을 기부 받아 이를 필요한 소비자에게 저렴하게 판매하는 회사이다. 이 과정에서 얻은 이익은 사회적 약자들의 재교육과 취업을 위해서 사용한다. Goodwill사는 방치되거나 폐기될 물건을 저렴한 가격에 재사용할 수 있는 체계를 만들어 새로운 제품을 생산하는데 필요한 자연환경의 부담을 줄여준다. 아울러 이 체계는 기부자에게는 사회적 포용 활동에 참가할 수 있도록 하고, 구매자들에게는 저렴한 가격에 생활용품을 구매할 수 있도록 도와주고 있다. 또한 이 과정에서 확보한 기업이익을 통해 사회적 약자에게 재취업의 기회를 주고 있다.

그림 9-4 Goodwill 사의 직원이 기부자로부터 사용한 물품을 기부 받는 모습과 Goodwill 매장의 모습을 보여주고 있다. Goodwill사는 이익금으로 이민자, 전과자, 장애우, 노인, 그리고 청소년의 직업교육과 취업알선 서비스를 하고 있다.(출처 http://goodwill.org 2010)

4. 가정에서의 지속가능 소비

우리가 일상생활을 영위하는 가정에서 실천 할 수 있는 지속가능 소비에 대하여 좀 더 상세히 알아보겠다. 최근 관련 연구 결과를 살펴보면 우리가 일상생활에서 사용하는 제품 중 다음 7가지 항목이 환경에 가장 큰 영향을 주는 것으로 나타났다.

일상생활에서 환경에 부담을 많이 주는 항목:

- 승용차
- 육류와 가금류
- 가전제품 및 조명
- 냉난방, 온수, 그리고 환기
- 주택건축
- 가정 용수 및 하수

승용차

승용차는 연비가 우수하고 공해물질을 적게 배출하는 차량을 선택한다. 연비란 기준양의 연료를 사용하여 주행할 수 있는 거리를 뜻한다. 기존의 화석연료 자동차의 경우 일반적으로 연료 1 리터로 주행할 수 있는 거리를 km로 표시한다.(km/l) 기존의 내연 기관 자동차의 연비 향상과 공해물질 배출 감소가 이루어지고 있으며, 특히 그동안 대기 오염의 주원인이었던 디젤 엔진도 연비 향상과 공해물질 감소 기술을 통해 친환경 내연기관으로 다시 각광 받고 있다. 이미 전기모터와 휘발유 엔진을 동시에 사용하는 하이브리드 자동차가 상용화되어 선택이 가능하다. 또한 최근에는 자동차 전용도로를 제외한 도로를 지정된 속도 이하로 운행할 수 있는 저속전기차량의 운용이 허가되었다. 앞으로는 기존의 휘발유 엔진을 전기모터로 완전히 대체하고 고속주행이 가능한 전기차량이나, 연료전지, 수소 혹은 태양광발전을 이용한 자동차가 개발되어 상용화 될 것이다.

육류와 가금류

가정에서 구매하는 식료품 중에 환경에 많은 영향을 주는 것은 쇠고기와 돼지고기 등의 육류이다. 현재 대부분의 육류는 대규모 농장을 통하여 집단

사육되며, 이 과정에서 대량의 곡물이 사료로 사용된다. 이 곡물들은 가난한 나라의 굶주리는 사람들의 식량으로 사용될 수 있다. 또한 가축 사육 과정에서 대량의 메탄과 아산화질소를 방출하는데 이는 지구온난화에 영향을 주는 온실가스들이다. 같은 고기라도 가금류나 생선의 환경영향이 더 적은 것으로 알려져 있다. 참고로 대표적인 육류인 소고기 1 kg을 생산하기 위해서는 17kg의 온실가스를 배출시키고(17kg CO_2/kg), 닭고기의 경우 1kg당 2kg의 온실가스를 배출시키는 것(2kg CO_2/kg)으로 보고되고 있다.

최근에 운송과 보관을 위하여 냉동식품을 이용하는 경우가 많아졌다. 물론 냉동식품은 여러 가지 편리한 점이 있지만 보관과 이동 중에 냉동을 위한 에너지를 사용하는 단점이 있다. 특히 냉동식품의 경우 보관의 편리성으로 장거리 운송이 가능하며, 이를 위해 온실가스를 방출하는 운송수단이 사용되어야 한다.(즉 푸드 마일리지가 높아지게 된다) 이를 해결하는 좋은 방법은 지역 시장이나 농장에서 식료품을 구입하는 것이다. 이는 신선한 계절 식료품을 먹을 수 있게 할 뿐만 아니라 운송 거리가 짧아 운반을 위한 온실가스 발생을 줄일 수 있다. 또한 지역의 농산물을 구입하므로 써 지역의 경제와 고용을 촉진시킬 수 있다. 즉, 지속가능성의 주요 속성인 환경과 지역사회에 모두 이득을 줄 수 있는 방법이다.

가전제품과 조명

가전제품의 경우 적절한 전력용량을 확인하고 높은 에너지 효율을 가지는 제품을 사용할 필요가 있다. 정부에서는 에너지 효율이 높은 가전제품을 보급하기 위하여 앞에서 언급한 전기 제품의 에너지소비효율 등급제를 실시하고 있다. 각 제품에 표시되어 있는 등급을 확인하고 효율이 높은 제품을 구입하는 것이 좋다.

이미 구매한 가전제품을 사용할 때는 대기전력 절약을 고려할 필요가 있다. 대기전력이란 기기가 현재 사용되지 않지만(즉 기기의 전원은 꺼져있지만) 콘센트에 전원이 연결되어 있으므로 소모되는 소량의 전기를 뜻한다. 대기전력은 전체 전기소모량의 10-30%에 달하는 것으로 알려져 있고, 연간 대기전력으로 인한 국내전기 소비량은 800MW 화력발전소 1기의 발전량에 달한다. 대기전력을 줄이는 방법은 사용하지 않는 전기제품을 콘센트로부터 제거해 놓는 것이지만 실제로 실천하기가 어렵다. 그러므로 자체적으로 대기전력을 기능적으로 낮춘 제품을 구입하거나, 대기전력을 자동으로 차단하는 장치를 설치할 수도 있다. 정부에서는 대기전력 절약을 촉진하기 위하여 대기전력저감 우수제품에 대하여 대기전력저감우수제품 마크를 붙일 수 있도록 하고 있다.

그림 9-5 이 그림은 에너지 관리공단의 대기전력저감 프로그램에서 실행하고 있는 대기전력경고 표시(왼쪽)과 대기전력저감우수제품 표시(오른쪽)이다. 대기전력경고 표시는 대기전력저감기준 미달 제품에 의무적으로 표시해야하고 대기전력저감우수제품 표시는 저감기준에 만족하는 제품에 임의로 붙일 수 있는 표시이다 [에너지관리공단b, 2010]

현재 가정 조명은 백열등이나 형광등에서 보다 수명이 길고 에너지 효율이 높은 LEDLight Emitting Diode 조명으로 바뀌고 있다. LED 조명은 기존 조명에 비하여 전력소모가 반 이상 낮고, 수명은 백열전구에 비하여 50배, 형광등에 비하여 2배 이상이며, 앞으로 개발에 의하여 더욱 효율적인 LED 조명이 나타날 것을 기대하고 있다. LED 조명은 가격이 비싸지만 기존의 조명기구에 들어있던 수은이 포함되지 않으므로 더욱 환경친화적이다.

냉난방, 온수, 그리고 환기

효율적인 냉난방을 위해서는 에너지절약 인증을 받은 냉난방기기를 사용해야 한다. 또한 가정의 난방을 위하여 태양열 집열판을 사용할 수 있다. 태양열 집열판은 태양으로부터 오는 열을 이용하여 물을 덥히고 이를 이용하여 난방을 하는 체계이다. 태양열 집열판을 기존의 난방시스템과 병행하면 보다 효율적으로 난방을 할 수 있다. 냉난방과 관련하여 보온을 위한 단열처리가 필요하다.

최근의 국가 시책으로 추진하는 실내온도 적정 수준으로 유지 운동도 에너지 절약과 환경보호에 도움이 된다. 실내온도는 우리의 의복과도 관계가 있다. 양말이나 스웨터 등을 효율적으로 사용하면 불편 없이 실내 온도를 낮출 수 있으며, 이는 난방으로 인한 에너지 소비와 온실가스 배출을 방지한다.

주택건축

건축측면에서 앞에서 언급한 냉난방의 효율성 증대와 아울러 새집증후군이나 실내공기 오염을 발생시키지 않는 친환경 자재의 사용이 필요하다. 냉난방 효율을 높이는 방법으로 건물지붕 정원화 방법이 있다. 건물지붕에 잔디나 화초로 정원을 만들 경우 단열처리효과가 높아 한 여름 지붕 자체의 온도를 섭씨 70도에서 27도까지 낮출 수 있다고 한다. 또한 벌이나 곤충들의 서식공간이 생기고 이산화탄소를 흡수할 수 있어 다양한 환경적 이득이 있다.

그림 9-6 빌딩 지붕 정원화를 추진하고 있는 미국 시카코시의 시청 옥상의 모습이다. 2010년에 도시의 열섬(Urban Heat Island) 효과 완화와 빗물의 효율적 사용 등을 위하여 설치되었다. (출처 http://wikipedia.net 2010)

새집증후군이란 건축 내장재 등에 쓰인 재료에 포함된 화학물질이 외부로 노출되면서 실내 환경을 오염시키고, 이로 인해 거주자의 건강에 피해를 주는 현상이다. 정부에서는 비교적 까다로운 기준을 세워 친환경 건축자재를 대상으로 '환경마크'를 부여하고 있다. '환경마크'는 제품 원료부터 생산, 유통, 수거, 그리고 폐기에 이르기까지 거의 전 과정에 걸쳐 인체에 유해한 오염물질이 일정 기준 이상 발생하지 않는 제품에 한해 인증을 해 주고 있다. 그러므로 안전한 건축자재를 선택하는 조건으로 '환경마크' 인증을 사용할 수 있다.

환경마크는 건축자재뿐만 아니라 다양한 품목의 제품(2010년 143개 품목)에 대하여 적용되고 있다. 환경마크는 정부에서 생산과 소비 과정에서 환경오염을 상대적으로 적게 일으키거나 자원을 절약할 수 있는 제품에 표시하여, 소비자에게 제품에 대한 환경영향 정보를 제공하고, 기업으로 하여금 친 환경 제품을 생산하도록 하고 있다. 환경마크 제도는 1979년부터 독일에서 시행되어 유럽연합, 캐나다, 미국, 그리고 일본 등 약 40여개 국가에서 성공적으로 시행되어 오고 있다.[한국환경산업기술원, 2010]

그림 9-7 환경마크는 나뭇잎과 이를 보호하는 손으로 형상화된 상징을 사용하고 있다. 마크의 상부에는 '친환경' 단어를 추가한 적용 분야를 표시하고 아래에는 인증사유를 표시하게 되어 있다. 예에서는 '건축자재'에 적용되었고 인증사유는 '유효자원활용'으로 표시되어 있다.

건축자재뿐만 아니라 건축물 자체에 대한 정부인증제도인 친환경건축물인증제도가 있다. 이 제도는 건축물을 위한 자재생산, 설계, 건설, 유지관리, 그리고 폐기 등 전 수명주기를 대상으로 에너지 및 자원의 절약, 오염물질의 배출감소, 쾌적성, 그리고 주변 환경과의 조화 등 환경에 영향을 미치는 요소에 대한 평가를 통해 건축물의 환경성능을 인증함으로써 친환경건축물 건설을 유도하는 목적을 가지고 있다.[환경부, 2010] 친환경 건축물에 대한 인증은 외국에서도 활발히 진행하고 있으며, 대표적인 인증 제도로써 미국에서 실행하고 있는 LEED 친환경 건물 평가제도가 있다.

가정 용수 및 하수

현재 가정의 주방, 화장실, 목욕탕, 그리고 세탁기 등에서 나오는 대부분의 생활하수는 하수처리장을 통하여 자연에 해가 없도록 처리되어 방류된다. 또한 공업용 폐수와 다르게 독성화학물질이 포함될 확률이 적다. 하지만 매일 생활에서 배출되는 양이 매우 많아서 이를 처리하기 위한 부담이 확대되고 있다.

우선 사용하는 물의 절대량을 감소시키는 것이 필요하다. 변기, 설거지, 샤워, 그리고 목욕 중에 불필요하게 흘려보내는 물의 양을 줄일 수 있는 방지 장치를 설치하는 것이 좋다.

두 번째는 하천의 부영양화의 원인을 제공할 수 있는 음식물 찌꺼기의 분리수거를 철저히 해야 한다. 특히 폐식용유는 거름망을 통과해서 하천으로 흘러들어갈 수 있고 이를 자정하기 위해서는 많은 양의 물이 필요하므로 사용한 식용유는 분리 수거해야한다.

세 번째는 세제의 양을 줄이거나 친환경 세제로 바꾸어야 한다. 세제를 많이 사용할 경우 거품을 통해 햇빛과 산소를 막고 비료역할을 하게 되어 부영양화의 원인을 제공한다. 동시에 변기나 바닥청소 혹은 하수도를 뚫기 위한 화학세척제 사용을 금하고, 베이킹 소다 등의 무해한 물질을 사용하여 청소하는 것이 좋다.

마지막으로 공간이 허락한다면 습지와 습지식물을 활용한 자체 정화 방법을 고려해 볼 수 있다. 이 방법을 사용할 경우 하수를 이용하여 습지식물의 먹이를 제공할 뿐만 아니라 다양한 생물체에게 거주환경을 제공하는 등 여러 가지 환경적 이득을 얻을 수 있다. 습지를 이용한 하수처리는 지역사회를 통해 공동으로 실행하거나, 하수 시설이 갖추어지지 못한 오지 등에 적용할 수 있는 방법이다.

5. 이동과 여행

온실가스배출 감소를 위해서는 불필요한 비행기 여행을 삼가야 한다. 비행기는 자동차에 비하여 이산화탄소 발생량이 매우 높고, 비행구름으로 인해 온실효과가 3-4배 높은 것으로 알려져 있다. 예로 보잉 747의 경우 1km 비행에 약 30kg의 이산화탄소를 배출하는 것으로 알려져 있다. 특히 항공기가 차지하는 온실가스 배출량은 전체 배출량의 3.5%로 낮지만 그 증가율이 매우 가파른 것으로 알려져 이에 대한 적절한 대응이 절실한 실정이다. 하지만 현재로써는 가볍고 연료 효율이 높은 비행기를 개발하는 것 외에 기존의 항공수단을 대체할 만한 획기적 방법이 없다.

육상 교통수단을 이용 시 공공교통 수단을 이용하거나 가능하다면 자전거나 도보를 이용하는 것이 환경에 부담을 적게 주게 된다. 미래에는 전기차를 포함한 친환경 혹은 재생가능에너지를 사용하는 교통수단을 사용해야 한다.

6. 친환경 에너지로 전환

풍력, 태양광, 그리고 파력 등 고갈되지 않는 재생가능에너지의 사용은 앞으로 다가올 지속가능 시대에 에너지 문제를 해결하는 중요한 수단이다. 가정에서 사용할 재생가능에너지는 다양한 에너지원을 이용해 발전한 전기에너지

형태가 될 것으로 보인다. 재생가능에너지의 특성상 소규모 지역 발전 체계가 적합하고, 개발되고 있는 스마트 그리드 기술과 조합될 경우 현재보다 훨씬 유연한 전력공급 체계가 제공될 것으로 예측된다. 이 경우 가정은 다음의 두 가지 역할을 할 수 있게 된다.

첫 번째는 에너지(주로 전기)를 종류별로 선택하여 소비할 수 있게 된다. 이때 기존의 화석연료를 이용하는 대규모 발전소에서 생산된 전기를 선택 할 수도 있고, 옆 마을의 풍력발전소에서 발전한 소규모 전기를 선택 할 수도 있다. 그러나 앞으로 일정기간 동안 기존의 대규모 발전소에서 생산된 전기의 가격이 상대적으로 저렴할 것이다. 이 경우에도 지속가능성 가치 구현을 위해 일정 비용을 감수할 수 있는 소비 형태가 필요하다.

두 번째 역할은 전기 생산자로써의 역할을 할 수 있게 된다. 미래에는 가정에서 재생가능에너지를 사용하여 소규모 전기를 생산하고, 사용한 후 남는 전기를 유연한 전력망을 사용하여 판매할 수 있게 될 전망이다. 이 때 가정에서 생산하는 전력은 주로 태양광이나 풍력 등 재생가능에너지를 이용한 발전을 통해서 생성되게 된다.

소규모 지역발전과 유연한 전력 공급망이 어우러진 환경은 기술적인 진보도 필요하고 법과 제도적 장치도 필요하다. 최근 정부는 각 발전 회사들이 발전량의 일부를 의무적으로 태양광을 비롯한 재생가능에너지로부터 발전하도록 하는 제도를 도입하였다. 또한 태양광 발전소에서 발전하는 전기는 정부가 의무적으로 구매하는 제도를 실행하기도 하였다. 현재 관련 기술과 제도가 활발히 연구되고 있으며, 가정이 전력 에너지의 소비자도 되고 생산자도 될 수 있는 시기가 곧 다가 오리라 생각된다. 이때 가정의 적극적인 이해와 참여는 재생가능하고 친환경적인 에너지를 풍족하게 사용할 수 있는 시기를 보다 빠르게 정착시키게 될 것이다.

7. 재활용 활동

가정에서 사용이 끝난 제품들은 수거되어, 재활용되거나 소각 혹은 매립되게 된다. 소각이나 매립은 귀중한 자원을 더 이상 사용하지 못하게 할 뿐만 아니라, 주위 환경에 부담을 줄 수 있으므로, 가능하면 재활용 될 수 있는 제품을 구매하여 다시 사용될 수 있도록 하는 것이 좋다. 또한 단순히 제품을 구매하고 효율적인 에너지 소비를 하며 잘 사용하는 것으로 끝나는 것이 아니라, 소비자의 손을 떠나는 마지막 단계에서 다음 재활용 과정을 위하여 적절히 분류하고 배출하는 것이 중요한다.

사용된 제품의 분류는 다음 재활용 단계를 위해서 무척 중요한다. 이 책의 7장 '닫힌 순환구조'에서는 Cradle to Cradle(요람에서 요람으로)라는 영구적으로 지속가능한 재활용 개념에 대하여 설명하였다. 현재 제품들이 영구적으로 재활용되지 못하고 점차 품질이 떨어지도록 재활용되고, 결국은 소각되거나 매립되는 이유는 재활용을 위해 재대로 분류되지 못하고 폐기되기 때문이다. 서로 다른 성질의 폐기물이 혼합되어 재생되면, 한 물질이 다른 물질의 불순물 역할을 하여 급격히 품질을 낮아지고 상품성이 떨어진다. 물론 체계적인 분류를 위해서는 제품의 설계단계에서 이를 고려해야하며, 분류 및 수거를 위한 체계가 마련되어 있어야 한다. 하지만 아직 재활용을 위한 설계를 거치지 못한 제품이 많이 존재하므로, 소비자로써 이를 분류하기 위한 기초적인 상식이 필요하다. 가정에서 사용 후 배출되는 제품의 종류는 종이, 유리병, 플라스틱, 금속, 그리고 음식물 등이 있다. 이들 중에서 많이 접하게 되는 종이, 유리병, 그리고 플라스틱의 분리수거에 필요한 상식들을 알아본다.

가정에서 배출되는 종이에는 플라스틱, 섬유, 금속 등 다른 분순물이 10% 이상 포함되어 같은 품질의 종이로 재생하는 것이 힘들다고 한다. 예로 책의 경우 표지나 포장지에 플라스틱 등으로 코팅이 되어 있을 수도 있고, 제본을 위하여 철로 만든 스테이플러를 사용했을 수도 있다. 모아진 폐지는 수작업에 의하여 분별되고 분별된 종이는 물에 불려 종이의 섬유질이 유연해지도록 한다. 유연해진 종이섬유는 부력을 이용해서 금속 등의 불순물을 분리한 후, 종이에 인쇄된 잉크를 제거하는 과정을 거치게 되어 최종적으로 펄프로 만들어진다. 이 펄프는 새로운 목재에서 만들어진 펄프와 혼합되어 새로운 종이로 만들어지게 된다. 그러므로 종이의 재활용은 순수한 종이만을 따로 모아 대량으로 재활용 단계에 투입하는 것이 효율적이다.

유리는 화학물질에 강한 특성이 있어 음식물과 음료 저장용기로써 오랫동안 사용되고 있다. 유리는 여러 번 재생하여도 그 성질이 변하지 않는 재사용성이 높은 물질이다. 유리의 경우 색에 의하여 분류하는 것이 가장 효과적인 방법이다. 일반적으로 투명 유리와 색유리로 구분하며, 색 유리도 용융 처리과정에서 차이가 있으므로 색에 따라 분류해야만 효과적 재활용 할 수 있다. 가정에서 사용하는 유리는 주로 유리병 형태인데 유리병의 분류에 세라믹이나 창문용 유리를 포함시키지 말아야 한다. 이들 유리 제품은 유리병과 다른 화합물을 포함하고 있으며 재생을 위한 용융과정에 영향을 줄 수 있다.

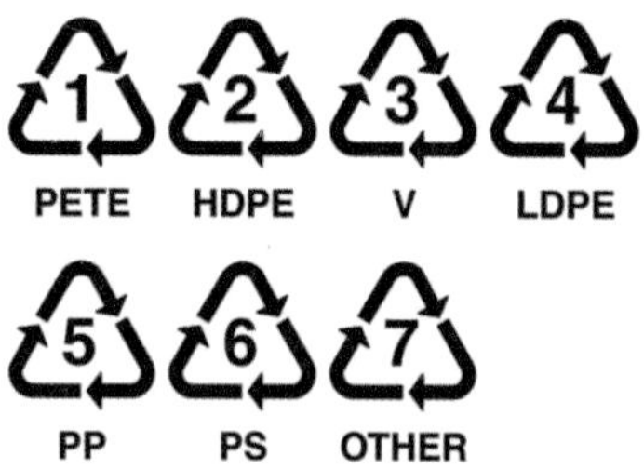

그림 9-8 SPI 합성수지 분류 코드를 보여주고 있다. 분류코드는 삼각형 재활용 상징 안에 숫자로 표시되어 있으며, 각 숫자는 플라스틱의 종류를 나타낸다. 예로 1번은 우리가 음료수 병으로 많이 사용하는 polyethylene terephthalate를 나타낸다.

플라스틱의 경우 포장재로 가장 많이 사용되는 물질이다. 여러 가지 편리한 성질을 가지고 있지만 자연 분해되지 않는 성질을 가지고 있으므로 적절히 폐기하지 않을 경우 지속적으로 남아 다양한 환경피해를 줄 수 있다. 플라스틱 제품은 한 가지 종류의 플라스틱으로 만들어져 있을 경우 재활용이 쉽다. 또한 그 양이 많을 때 경제성이 높아진다. 그러므로 우리가 사용하는 플라스틱 용기에는 재활용을 위한 분류표시가 되어 있다. SPISociety of the Plastics Industry가 1988년 정하여 현재는 전 세계적으로 사용되고 있는 표시로 플라스틱 종류를 뜻하는 숫자가 삼각형 재활용 화살표 안에 적혀있다. 이를 이용하면 재질별로 플라스틱을 분류할 수 있다. 예로 하나의 플라스틱 용기라 하더라도 본체와 뚜껑의 재질이 다르게 표시되어 있는 경우 각각 분리해서 재활용해야 한다.

제10장

탄소배출이 없는 섬

이 장에서는 지역사회 중심의 지속가능 활동에 대하여 알아본다. 지속가능 소비는 개인이 중심이 되지만, 지역사회가 함께 참여한 지역기반 소비의 경우 그 효과가 더욱 커지게 된다. 이는 지속가능성에 관련된 활동의 대부분이 지역사회에 기반을 두고 있기 때문이다.

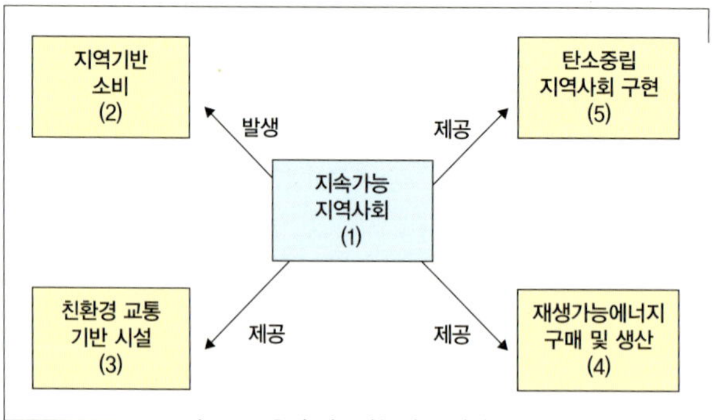

그림 10-1 우선 지속가능성 구현에서 지역사회의 중요성을 설명한다(1). 지속가능성은 지역사회 부흥을 주요 가치로 삼고 있다. 지역기반 소비는 지속가능성을 실현하고 지역 경제를 부흥시킬 수 있는 효과적인 방법을 제공한다(2). 친환경적이고 효율적인 대중교통수단은 지역사회가 제공할 수 있는 대표적인 사회기반 시설이다(3). 앞으로 재생가능에너지를 선택 구매하거나 판매할 수 있는 환경이 도래할 것으로 예측된다. 만일 지역사회가 공동으로 재생가능에너지를 구매하거나 생산한다면 지구온난화와 자원고갈 문제에 보다 효율적으로 대응할 수 있다(4). 탄소중립 지역사회 구현은 앞으로 다가올 지속가능 사회의 시험무대가 되고 있다. 각국에서는 홍보와 시험 목적으로 탄소중립 지역사회 건설을 시도하고 있다(5).

1. 지속가능 지역사회

3장에서 다룬 지속가능성의 사회책임 가치를 살펴보면 지역사회가 주요 기반임을 알 수 있다. 예로 경제부흥과 사회책임 가치가 함께 추구되면 지역경제 부흥과 연결된다. 이와 같이 지역사회 구성원의 사회포용과 부흥은 지속가능성 실현의 중요한 요소를 차지하고 있다. 지역사회와 지속가능성이 밀접한 관계를 가지고 있는 것은 지속가능성 가치인 사회책임과 환경보호가 지역사회와 밀접한 관계가 있기 때문이다.

사회책임은 구성원의 인간적 대우와 사회적 약자의 포용을 목적으로 하고 있다. 평등과 인간존중이 법체계로 완성되어 있는 현대 국가에서 사회적 불평등 문제는 지역사회 내의 일상적인 계층 간 문제인 경우가 많다. 예로 같은 도시의 빈곤층과 부유층 간의 지역적 갈등은 대표적인 계층 간 갈등이다. 사회책임은 사회적 약자를 보호하고 모든 계층이 융합하여 보다 평등하고 인간적인 지역사회를 만들게 된다. 예로 빈곤층 지역 학교에 보다 많은 투자를 유도하여 교육의 혜택이 골고루 돌아가게 하는 사회책임 활동이 계층 간 불균형을 해소할 수 있다. 이와 같이 사회책임의 실행은 생활에서 부닞지는 시역사회 문제와 긴밀히 연관되어 있다.

개개인이 느끼는 환경문제는 지역사회와 밀접히 관계가 있다. 지역 주민들이 여름에 수영하는 하천이 오염되었거나, 출퇴근 도로상의 매연이 심하든지 하는 환경문제에 민감하며, 이에 따른 직접적인 불편과 피해를 받게 된다. 그러므로 지역 주민들의 환경보호에 대한 요구가 강하며, 환경문제를 해결하는데 보다 적극적인 동기를 가지고 있다.

위에서 언급대로 지속가능성과 지역사회가 밀접하게 관계되어 있으므로, 개인의 활동보다는 단체나 지역기반 지속가능 활동이 보다 효과적이다. 또한 지역기반 기초시설이 없을 경우 개인의 지속가능성 활동이 제한적인 경우가 많다. 예로 자동차 대신 자전거를 이용하고 싶어도 지역 내 자전거 전용 도로가 없다면, 지속가능 활동에 제한을 받게 된다. 이 외에도 지역사회의 재생가능에너지를 이용한 중소규모 발전시설, 친환경 공공 교통시설 등이 대표적인 지속가능 활동을 위한 지역 기반 시설이다.

1992년 유엔환경개발회의는 '의제21'(Agenda 21)을 채택하게 된다. 의제21은 지속가능성을 실현하기 위한 광범위한 행동지침을 포함하고 있다. 의제21을 기반으로 각국 정부와 도시를 비롯한 지역사회는 자체적인 목표와 실천계획을 작성하고 있다. 의제 21은 국제적 지속가능성 구현을 위한 기반계획을 제공하고 있는 셈이다. 의제21의 3부에는 지속가능성 실현을 위해 9개 중요한 역할에 대하여 설명하고 있다. 이 9개 주요 역할은 여성, 아동 청소년, 원주민, 민간단체, 지방단체, 노동자, 산업계, 과학기술계, 그리고 농민을 포함하고 있다.

의제21의 3부 28장에는 지방정부의 역할을 강조하고, 지방정부별로 지방의제21(Local Agenda 21)을 작성할 것을 권고하고 있다. 이는 전 지구적 환경보전이 각 정부의 거시적 계획에 근거하여 각 지역사회의 실천이 맞물릴 때 효과가 있음을 시사하고 있다. 또한 의제21에서 언급한 과제의 3분의 2이상이 지방정부와 지역사회의 적극적 참여가 필요한 행동계획이다.[지속가능발전협의회 2010] 이와 같이 지역사회는 지속가능 사회의 구현에 중추적 역할을 담당하고 있다.

2. 지역기반 소비

친환경 식품이 각광을 받으면서 이를 중심으로 지역의 농산물이나 제품을 소비하고자 하는 지역기반 소비 경향이 나타나고 있다. 지역기반 소비란 소비자가 생활하는 지역에서 생산되는 제품을 구매하는 행위를 뜻한다. 특히 식료품의 경우 소비자의 가정을 중심으로 가까운 지역에서 길러진 작물이나 육류를 구매하는 행위를 뜻한다. 여기서 가까운 거리는 상대적 개념으로써 계절이나 기후에 따라 달라질 수 있다. 예로 여름에 채소 구매는 이웃에서 할 수 있지만 겨울에는 채소가 생장하는 가장 가까운 장소가 멀어지고 그 곳이 상대적으로 '가까운 거리'가 될 수 있다. 지역기반 소비가 점차 각광을 받자, 글로벌 상표보다는 지역의 상표를 이용하는 경향이 강해지고 있으며, 최근에는 이에 대응하여 글로벌 대기업들이 자사상표를 지역 상표화하여 제품을 판매하는 디브랜드de-brand화 현상도 발생하고 있다.

이와 같이 지역기반 소비가 각광을 받는 것은 지역기반 소비를 함으로써 지속가능성 가치 실현을 포함하여 많은 이득이 있기 때문이다. 특히 농산물은 지역기반 소비가 유리한 분야이다. 이러한 이득을 확인하기 위해서는 단순히 농산물 자체뿐만 아니라 농산물의 생산, 유통, 그리고 이동을 포함한 전체 수명주기를 살펴보아야 한다.

지역기반 농축산물 소비를 통하여 소비자가 얻을 수 있는 이득은 안전하며 신선하고 저렴한 농축산물을 구매할 수 있다는 점이다. 농산물의 경우 지역사회 제품은 그 생산 과정이 소비자에게 노출되므로 친환경성 여부를 소비자가 직접 확인할 수 있다. 농민도 단순히 판매자의 입장을 떠나 지역 구성원으로써의 도덕적 책임감을 가지고 생산에 임하게 된다. 그러므로 임의의 생산자에게 공급받는 제품보다 안전하고 믿을 수 있는 제품을 구입할 수 있게 된다. 지역 농산물은 계절이나 지역 풍토에 맞는 상품이므로 보다 안전하게 소비할 수 있다. 지역기반 제품은 생산지에서 가까운 거리에서 판매되므로 냉동이나 장거리 운송된 제품보다 신선한다. 최근 냉동식품보다는 신선식품 구매가 활성화된 것도 지역기반 소비가 유리한 이유이다. 또한 지역에서 생산된 상품의 경우 유통단계가 적어 제품을 경제적으로 구입할 수 있다는 장점도 있다. 값싸고 신선한 농산물을 구매하기 위하여 지역 농민직거래장터를 이용하는 소비자가 증가하는 것을 그 예로 들 수 있다.

지역기반 농업은 일반적으로 지속가능성 구현이 용이하며, 환경친화적 감성을 주기도 쉽다. 이에 반하여 대규모 기업형 농업은 지속가능성에 대한 다양한 문제점을 가지고 있다. 기업형 농업은 대규모 기계화로 이를 운용하는데 많은 화석연료가 필요하며, 이는 필연적으로 다량의 온실가스 배출을 가져온다.

대규모 기업형 농업에서 화학비료, 농약, 그리고 항생제의 사용은 필수적이다. 특히 화학비료와 농약에 사용되는 화학 물질을 생산하기 위하여 농업용 기계류나 농산물 운송에 쓰이는 양보다 훨씬 많은 화석연료가 사용된다. 연구에 의하면 농업에 사용되는 에너지의 40%가 화학비료와 농약의 원료를 만들기 위하여 사용된다고 한다. 기업형 농업이 필요로 하는 대규모 농경지는 온실가스를 소모하는 산림의 해체와 이 곳에 거주하는 동식물들의 주거지를 빼앗게 된다. 아울러 몇몇 종류의 농작물에 집중된 농업방식으로 종의 다양성을 해치게 된다. 대량의 화학비료와 농약은 토양을 피폐하게 하고 주위의 공기와 물을 오염시키고 있다.

대규모 축산농장의 경우에도 환경에 큰 부담을 주고 있다. 대규모 농장 부지는 역시 삼림을 해치고 있으며, 대규모 가축 사육 시 나오는 메탄을 비롯한 온실가스가 지구온난화의 주요 원인으로 의심받고 있다. 대규모 가축 사육 시 사용하는 항생제를 비롯한 약품들은 식품에 잔류되어 우리의 건강을 위협하고 있다. 대규모 사육은 가축들에게도 부적절한 사육 환경을 제공하고 있다.

반면에 지역기반의 소규모 농가들은 토지, 물, 공기 등 지역의 자연환경이 생산의 수단일 뿐만 아니라 생활의 터전이므로 이를 보전하는데 적극적이다. 그들은 농지를 개발로부터 보호하려고 하고, 토지가 황폐화되는 것을 막고, 습지를 보존하려고 한다. 지역의 농업은 자연에서 얻은 친환경 비료를 사용할 기회가 많으며, 지역의 소비자들을 의식하여 과다한 농약 사용도 자제할 수 있다. 또한 소규모 농장의 농부들은 자신의 가축에 쾌적한 환경을 제공하려고 노력하며, 주위의 숲과 녹지와 어우러진 농장을 운영할 수도 있다.

지역기반 소비의 또 다른 장점으로는 운송비용 감소와 교통수단에 의한 환경영향 감소를 들 수 있다. 최근에 상품을 배송하기 위한 운송거리가 길어지고 있으며, 식품의 경우도 전 세계적인 이동이 일어나고 있다. 이와 같은 운송거리의 확대는 에너지 비용의 상승 등으로 제품가격에 영향을 주고 있으며, 식품의 경우 운송과정 중 약품처리나 냉동으로 인한 부작용 및 에너지 소비문제가 나타나고 있다. 또한 상품의 운송거리 확대는 운송 교통수단에 의한 온실가스 배출도 확대시키고 있다. 이에 비하여 지역기반 소비는 소비자와의 거리가 짧으므로 운송비용이 적게 들고 운송 시 온실가스 배출이 줄어든다.

지역소비 증가에 따라 농산물의 운송거리가 짧아지면 이동 간 포장 및 처리 비용과 이로 인한 온실가스 배출이 감소하게 된다. 조사에 따르면 국제적 연계를 가지는 대형 매장에서 판매하는 농산물의 이동거리는 지역 농산물의 이동거리에 비하여 약 30배 먼 거리를 이동한 것으로 알려져 있다. 농산물의 장거리 이동을 위해서는 적절한 포장과 처리가 필요하며, 포장의 경우 재활용이 어렵고 폐기처분되게 된다. 이에 비하여 지역시장에서 팔리는 농산물은 최소한의 포장이 필요하고 이동을 위한 처리과정이 필요 없게 되어 환경에 부담을 주지 않는다.

지역기반 소비는 지역 경제부흥에 직접적인 영향을 주고 있다. 우선 지역 상품 판매 증대에 따라 지역 번영에 도움을 주고 있다. 제품판매로 인한 이득은 지역사회에 남게 되고 이는 지역 번영을 위하여 쓰이게 된다. 반면에 지역의 다국적 혹은 대규모 상점을 통해 판매된 기업형 농산물의 판매 대금은 다른 지역 혹은 국가의 농산물 생산자뿐만 아니라 판매, 서비스, 그리고 이동에 관련된 회사로 유출되게 되어 지역에 남는 이익은 극히 적게 된다. 지역기반 소비가 이루질 경우 판매와 관련 서비스에 필요한 인력을 지역에서 고용하므로 지역의 고용 증대에도 도움을 줄 수 있다.

지역기반 소비를 하기 위해서는 전국 혹은 전 세계 연계망을 가진 대규모 상점을 이용하기 보다는 지역의 상품을 공급하는 지역기반 상점을 이용하는 것이 필요하다. 또한 한 번에 모든 상품을 지역기반 상품으로 변경하기 보다는 식료품 등 지역기반 소비가 유리한 상품에서부터 시작하는 것이 좋다. 예로 식료품 중에서도 채소와 같은 계절 식료품으로부터 지역기반 소비를 시작하는 것이 좋다. 가능하다면 채소 등을 직접 재배하는 것도 지역기반 소비의 시작으로 적합하다. 이는 환경과 가정 경제에 바람직한 영향을 줄 수 있다. 보다 구체적인 지역기반 소비를 위해서는 지역 농민모임이나 친환경 농산물 공급 센터를 이용하는 것도 좋다.

3. 친환경 교통 기반 시설

온실가스 배출이나 자원고갈을 방지하기 위해서는 여럿이 공유하는 공공 교통수단을 이용하는 것이 효과적이다. 만일 이 교통수단이 재생가능 에너지를 이용할 경우 그 효과는 더욱 커질 것이다. 이러한 친환경 공공 교통 기반 시설을 계획하고 제공하는 주체는 지역사회이다. 특히 인구가 밀집되어 있는 대형 도시지역은 환경과 자원고갈 문제 외에도 도로, 주차, 그리고 교통 체증 문제 등을 동시에 해결할 수 있는 방법으로 친환경 공공 교통수단을 고려하고 있다. 지속가능 활동을 통하여 도입하는 새로운 친환경 공공 교통수단은 단순히 환경 친화적이어야 할 뿐만 아니라 기존의 대중교통에 비하여 편리하고 저렴하며 보다 신속한 교통수단이 되도록 변경되어야 한다.

지역사회에서 고려할 수 있는 친환경 공공 교통수단으로는 기존의 버스 등을 환경 친화적 연료를 사용하도록 변경하거나, 노면 전차나 새로운 친환경 교통수단을 도입하는 방법이 있다. 공공 교통수단 중에 기존의 자전거를 이용한 방법은 운행 자체가 환경에 전혀 부담을 주지 않고 기반 시설 투자에 큰 비용이 들지 않으므로 많은 지역사회에서 도입되고 있다.

자전거를 이용한 가장 대규모 공공 교통수단은 프랑스 파리시에서 2007년 시작한 Velib 시스템이다. Velib 시스템은 사용자가 직접 원하는 자전거 주차소에서 자전거를 꺼내 이동한 후 이를 목적지의 자전거 주차소에 반납하는 체계로 되어 있다. 비용은 자전거의 활용도를 높이기 위해 30분간 무료이고 다음 30분부터 단위 가격이 올라가는 체계로 되어 있다. 사용권은 웹 및 주차소에 마련된 무인 판매대를 이용하여 쉽게 구매할 수 있으며, 파리의 다른 교통체계와도 연결되어 있다. 현재 수천 대 규모의 자전거와 도심 300m마다 설치된 수백 대 규모의 자전거 주차소를 제공하고 있어, 쉽게 원하는 장소에서 자전거를 꺼내 쓰고 반납할 수 있도록 되어 있다.

그림 10-2 파리시의 Velibe 공공자전거 대여 체계의 자전거 주차소 모습을 보여주는 사진이다. 주차소의 잠금장치와 무인 매표소를 이용하여 편리하게 자전거를 대여하고 반납할 수 있다.(출처 treehugger.com 2010)

공공자전거 대여 체계는 미국의 워싱턴 DC, 영국 런던, 스페인, 그리고 멕시코 등 전 세계로 퍼져나가고 있으며, 우리나라도 고양시 등의 지역자치단체가 공공자전거 대여 체계를 시범 운영하고 있다.

기존의 대표적 공공 교통수단이던 버스는 화석연료 기반으로 매연, 소음, 그리고 온실가스 발생 등의 문제를 가지고 있었다. 최근에는 이 버스들을 환경문제가 적은 전기 버스로 바꾸는 노력이 활발하다. 전기 버스의 경우 노선이 고정되어 있어 전기충전소 설치 문제가 해결될 수 있으므로 빠른 시간 내에 실용화가 가능할 것으로 예상하고 있다.

또 다른 친환경 공공 교통수단으로써 전기를 사용하는 전기철도를 광범위하게 사용할 수 있다. 기존의 지하철뿐만 아니라 버스를 대신하여 지상에서 운영할 수 있는 노면전차를 도입할 경우에도 역시 환경적 이득을 얻을 수 있다.

공공교통수단이 아닌 새로운 친환경 교통수단을 도입할 경우에도 지역사회의 기반시설이 필요하다. 예로 지역에서 전기 자동차를 사용하기 위해서는 자동차 전지 충전을 위한 충전소가 설치되어 있어야 한다.

지역사회의 기반시설은 아직 미숙한 단계인 친환경 교통수단을 보완하는 역할도 한다. 현재 전기 자동차의 가장 큰 문제는 충전지의 지속성과 재충전

속도이다. 새로 출시 예정인 자동차들은 완전충전 상태에서 150km 정도 주행할 수 있다고 한다. 이는 기존의 화석연료 자동차에 비하여 매우 짧은 거리이다. 더욱이 자동차의 전지를 완전히 재충전하기 위해서는 수십 분에서 수 시간이 걸린다고 한다. 이 조건에서 전기 자동차를 이용하기는 어렵다.

최근에 일본 도쿄시에서는 전기자동차인 택시의 충전지를 교환할 수 있도록 하는 기반 시설을 구축하고 시범 운행하고 있다고 한다. 택시를 운행하다가 재충전이 필요하면, 차내의 사용한 충전지를 완전히 충전되어 있는 다른 충전지로 단시간 내에 교환하게 된다. 교환식 충전지를 가진 전기 자동차와 지역사회에서 제공하는 전지 교환시설을 이용하여 기존 전기자동차 문제를 효율적으로 해결하고 있다.

그림 10-3 일본 도쿄시에 시범운행중인 전기자동차 택시가 Better Place사의 충전지 교환시스템을 이용하여 충전지를 바꾸고 있는 모습이다.(출처 http://betterplace.com 2010)

4. 재생가능에너지 구매 및 생산

현재 가정에서 가장 일반적으로 사용하는 에너지원인 전기는 중앙 집중화된 발전소에서 일방적으로 공급되고 있다. 중앙 집중화된 발전소는 효율적으로 전기를 생산 공급한다는 목적에 맞추어 거대화되고 획일화되어 있다. 이 거대한 발전소들은 주로 석탄, 석유 등 화석 연료에 의존하거나, 핵연료에 의존하고 있다. 비록 현재 공급되는 전기가 온실가스를 다량 배출하고 자원고갈과 환경오염 문제를 가지고 있지만, 최종 소비자는 전기 종류에 대한 선택권이 없다.

만일 개인 소비자가 지속가능성 가치에 의하여 재생가능에너지를 이용한 전기를 구매하기를 원한다면, 개인으로써는 벅찬 추가적인 활동을 해야 한다. 기본적으로 소비자가 재생가능에너지로 만들어진 전기를 선택할 수 있도록 하는 법률과 제도를 만들어야 한다. 다음으로는 재생가능에너지를 쓰기 위한 설비를 구축해야 한다. 아울러 설비 운용에 필요한 주체와 재원을 마련해야한다. 이러한 활동은 소비자 개인으로써는 불가능하지만 지역사회가 참여하면 가능한 활동들이며, 소비자는 투표를 하거나 투자를 하는 형태로 활동에 참여할 수 있다. 중앙정부 차원의 지속가능 에너지 체계 구축은 많은 시간과 비용이 필요하지만, 지역기반 에너지 공급체계는 보다 효율적으로 쉽게 개선해 나갈 수 있다.

태양광, 풍력, 그리고 바이오매스 등 재생가능에너지를 이용한 발전은 소규모 분산된 발전설비의 설치가 가능하다. 개인도 가정의 지붕이나 소규모 풍차를 이용한 발전이 가능하나 독립적 시스템으로는 비용이 많이 들고 효율이 낮아지게 된다. 태양광 발전의 경우 겨울이나 밤에 발전이 이루어지지 않아 독립된 전기 시스템으로써 사용이 어렵고, 외부 전기시스템을 동시에 설치해야 하므로 비용대비 효과가 떨어지게 된다. 자체적으로 발전된 전기를 저장하여 필요한 시기에 사용할 수는 있으나 전기 저장장치의 설치와 운용에 많은 비용이 들것으로 예측된다.

그러므로 효율적 에너지 수급을 위하여 지역사회에 적합한 발전설비의 구축 및 운영이 필요하다. 예로 지역에서 많이 생산되는 볏짚 등의 바이오매스를 이용한 지역 발전설비를 공동으로 운영하면, 지역에서 필요한 전기를 경제적으로 생산할 수 있다. 아울러 필요량 보다 추가 발전된 전기는 외부로 판매하고, 부족한 경우 이를 구매할 수 있는 발전설비 간 배전 기반시설이 필요하다. 이 기반 시설은 다양한 조건에서 효율적 전력 배분이 가능하게 하는 지능형 배전 기술을 이용하여 구축되어야 한다. 지역사회는 지역 상황에 적합하고 경제적인 에너지 공급 체계를 가질 수 있게 되며, 국가는 지방의 효율적 에너지 공급 체계를 연결하여 보다 안정적이고 효율적인 국가 전력 생산 및 분배 체계를 확보할 수 있게 된다.

5. 탄소중립 지역사회 구현

지속가능 활동의 결과가 종합적으로 적용된 미래지향 탄소중립 지역사회 구축 사업이 전 세계적으로 진행되고 있다. 탄소중립 지역사회 구축은 특정 지역 안에서 온실가스 순배출량이 0인 지역사회를 만드는 것이다. 그러므로 탄소중립 지역사회를 통하여 환경에 부담을 전혀 주지 않는 미래 지속가능 사회 모습을 미리 엿볼 수 있다. 추진 정부와 지역사회에 따라 다르지만 탄소중립 지역사회는 다음과 같은 동일한 목적을 가지고 추진되고 있다.

탄소중립 지역사회 구축의 목적:

- 온실가스 배출량 감소
- 탄소저감 기술 등의 요소기술 시험 및 개발
- 미래 지속가능 사회에 대한 종합적 연구 및 필요 지식 축적

탄소중립 지역사회는 탄소중립 도시 혹은 탄소제로 도시 등의 서로 다른 이름으로 불리고 있다. 여기서 탄소란 물론 이산화탄소로 대표되는 온실가스를 뜻하게 된다. 중립 혹은 제로라는 의미는 지역사회에서 온실가스가 전혀 발생하지 않거나, 순배출량이 0이라는 의미로 볼 수 있다. 순배출량의 의미는 실제로 배출한 온실가스에서 온실가스 저감활동을 통해 확보한 배출량을 뺀 값을 뜻하며, 이와 같은 저감활동을 통해 순배출량을 줄이는 것을 배출량을 상쇄Offset한다고 표현한다. 탄소중립은 이 순배출량이 0이 되는 상태를 뜻한다.

탄소중립 지역사회는 온실가스를 배출하지 않는 난방, 전기, 교통, 그리고 폐기물 처리 기반 시설을 제공해야 한다. 이를 위해서는 난방과 전기에 필요한 재생가능에너지를 사용할 수 있는 체계를 준비해야 한다. 또한 친환경 교통 체계를 제공해야 하며, 물을 포함한 폐기물의 재활용률을 극대화해야 한다.

재생가능에너지 섬으로 불리는 덴마크의 Samso섬을 탄소중립 지역사회의 예로 들 수 있다. 1998년 덴마크 정부는 Samso 섬을 10년 안에 100% 재생가능에너지를 사용하는 지역사회의 시범사례로 만드는 과제를 시작하였다. Samso 섬은 총면적 114km^{2}이고 주민 4,400명이 거주하며, 매년 약 500,000명의 외부 관광객이 방문하고 있다.[Samso Energy Academy 2010]

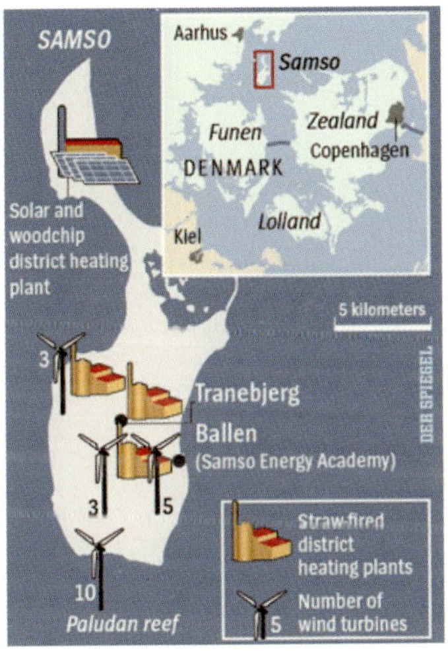

그림 10-4 덴마크 Samso 섬의 위치와 설치된 발전 및 지역난방 시설 위치를 보여주는 지도이다. 총 4개의 태양광과 짚 혹은 나무 조각을 이용한 지역난방 시설이 있고, 총 4군데의 풍력발전시설이 있다. 1개의 풍력발전설비는 섬의 근해에 설치되어 있다.(출처 http://www.spiegel.de 2010)

Samso 섬은 바람, 태양, 그리고 바이오매스 등 주요한 천연자원을 가지고 있으며, 이들 재생가능에너지를 활용하여 섬 주민이 필요한 난방과 전기를 제공하는데 기술적인 어려움을 전혀 없었다고 한다. 2005년 Samso 섬의 에너지

대차대조표를 보면, 짚 등 바이오매스를 연료로 한 지역난방과 풍력에너지 개발을 통하여 요구 에너지의 99.6%를 재생가능에너지로 충족시킴으로써 원래 과제의 목적을 달성하였다. Samso 섬에서는 섬과 육지를 연결하는 정기 페리와 섬 내에서 운영하는 자동차가 아직 화석연료를 사용하여 온실가스를 배출시키고 있다. 그러므로 Samso 섬은 지역사회에서 발생시키는 온실가스의 양만큼 근처 바다에 풍력발전 설비를 설치하여 전기를 발전시키고 있다. 이 발전설비를 통해 페리와 자동차에서 발생된 온실가스를 상쇄시킨 것이다. 그러므로 Samso 섬은 온실가스 순배출량이 0인 섬이 된 것이다.

| 제1장 |

[IPCC 2007] Intergovernmental Panel on Climate Change, "Climate Change 2007: Synthesis Report", IPCC Report, 2007.

[BBC 2009] BBC, "'Eat less meat' says carbon footprint burger chain", BBC News, http://news.bbc.co.uk, 2009.

[싱거 2009] 프레드 싱거, 데니스 에이버리, "지구온난화에 속지마라(Unstoppable Global Warming)", 동아시아, 2009.

[스펜서 2008] 로이 W. 스펜서(이순희 옮김), "기후 커넥션 - 지구온난화에 관한 어느 기후 과학자의 불편한 고백", 비아북, 2008.

| 제2장 |

[한국환경공단 2009] 기후변화 홍보포털, "기후변화협약 Q&A", http://www.gihoo.or.kr, 2010.

[조선일보 2009] 조선일보, "새 기후변화협약 카운트다운 '그린 이코노미' 새 틀을 만든다", http://news.chosun.com, 2009.

[대통령실 2009] 대통령실, "2020년 온실가스 30% 감축! 대한민국의 미래가 달려있다." 청와대정책소식, vol 35, 2009.

[IPCC 2007] IPCC, "Climate Change 2007-Synthesis Report", IPCC Report, 2007.

[삼성경제연구소 2010] 삼성경제연구소, "절반의 성공으로 마감한 코펜하겐 회의", China Business Focus, 제10-01호, 2010.

| 제3장 |

[WCED 1987] World Commission on Environment and Development, "Our Common Future", UN WCED Report, 1987.
[영국산림위원회 2010] 영국산림위원회, "Sustainability", http://www.forestry.gov.uk, 2010.
[바젤협약 2010] 바젤협약, "origins, the system that controls the movement of hazardous waste", http://www.basel.int, 2010.
[조선일보 2010] 조선일보, "인도 베이션", http://www.chosun.net, 2010.
[Malthus 1798] Thomas Robert Malthus, "An Essay on the Principle of Population", 1798.
[Meadows 1972] Donella H. Meadows, Dennis L. Meadows, Jorgen Randers, William W. Behrens III, "The Limits to Growth", Universe Books, 1972.

| 제4장 |

[Union of Concerned Scientists 2010] Union of Concerned Scientists, "About Us", http://ucsusa.org, 2010.
[Greenpeace 2010] Greenpeace, "About Us", http://greenpeac.org, 2010.
[Climate Counts 2010] Climate Counts, "About", http://climatecounts.org, 2010.
[환경부 2010] 환경부, "그린스타트", http://greenstart.kr, 2010.

| 제5장 |

[OECD 2009] OECD, "SUSTAINABLE MANUFACTURING AND ECO-INNOVATION -Framework, Practices and Measurement", Synthesis Report, 2009.
[NACFAM 2010] NACFAM, "지속가능생산 정의", http://nacfam.com, 2010.

[US DOC 2010] US Department of Commerce, "How does Commerce define Sustainable Manufacturing?", http://trade.gov, 2010.
[SPC 2010] Sustainable Packaging Coalition, "Definition of Sustainable Packaging",http://www.sustainablepackaging.org, 2010.
[조선일보 2010] 조선일보, "미래의 황금… 탄소배출권 확보戰 불붙었다", http://www.chosun.com, 2010.

| 제6장 |

[Prahalad 2009] C. K. Prahalad, "The Fortune at the Bottom of The Pyramid", Pearson Education, Inc., 2009.
[이창용 2010] 이창용, "'스마트 그리드'와 신사업 기회", SERI 경영노트, 삼성경제연구소, 2010.
[공감코리아 2010] 대한민국 정책포털, "쇼핑용 비닐봉투, 쓰레기종량제 봉투로 재사용", 공감코리아 - 대한민국 정책포털 www.korea.kr, 2010.
[Carerpillar 2010] Carterpillar, "Remanufactruing Process", http://www.cat.com, 2010.
[McDonough and Braungart 2002] William McDonough and Michael Braungart, "Cradle to Cradle", North Point Preass, 2002.

| 제7장 |

[McDonough and Braungart 2002] William McDonough and Michael Braungart, "Cradle to Cradle", North Point Press, 2002.
[Carbon Trust 2008] Carbon Trust, "Working with Tesco-Product carbon footprinting in practice", Case Study CTS055, 2008.
[BSI 2008] BSI, "Guide to PAS 2050-How to assess the carbon footprint of goods and services", 2008.

| 제8장 |

[Trott 2005] Paul Trott, "Innovation Management and New Product Development", 3rd Ed, FT Prentice hall, 2005.

[2009 Nidumolu] Ram Nidumolu, C.K. Prahalad, and M. R. Rangaswami, "Why sustainablity is now the key driver of innovation", Harvard Business Review, September 2009.

| 제9장 |

[SERI 2010] 삼성경제연구소, "녹색생활혁명: 기후변화 대응의 신해법", CEO Information, 제768호, 2010.

[에너지관리공단a 2010]에너지관리공단, "에너지소비효율등급표시제도", 에너지관리공단 효율관리제도, /http://kempia.kemco.or.kr, 2010.

[에너지관리공단b 2010]에너지관리공단, "대기전력저감프로그램", 에너지관리공단 효율관리제도, /http://kempia.kemco.or.kr 2010.

[한국환경산업기술원 2010] 한국환경산업기술원, "환경마크", 한국환경산업기술원 환경마크, http://ecolabel.keiti.re.kr, 2010.

[환경부 2010] 환경부, "친환경건축물인증제도", 환경부, http://www.me.go.kr, 2010.

| 제10장 |

[지속가능발전협의회 2010] 지속가능발전협의회, "지방의제21", http://la21.or.kr, 2010.

[Samso Energy Academy 2010] Samso Energy Academy, http://www.veo.dk. 2010.

저자약력 | 도남철

• 포항공과대학교 산업공학과, 공학사
• 포항공과대학교 대학원, 공학석사, 공학박사(정보체계 및 컴퓨터 응용)
• 경상대학교 산업시스템공학부 부교수, 공학연구원 책임연구원

지속가능 생산과 소비

미래를 저축하다

초판 인쇄 • 2011년 11월 8일
초판 발행 • 2011년 11월 16일

지은이 • 도남철
펴낸이 • 하우송
펴낸곳 • 경상대학교출판부
주소 • 경남 진주시 진주대로 501
전화 • 055) 772-0801, 0800
FAX • 055) 772-0809
E-mail • gspress@gnu.ac.kr
홈페이지 • http://gspress.ac.kr
등록 • 1989년 1월 7일 제16호

ISBN 978-89-6257-050-2 03530

값 : 14,000원